梁庄十年

梁鸿 著

中信出版集团 | 北京

图书在版编目（CIP）数据

梁庄十年 / 梁鸿著 . -- 增订版 . -- 北京 : 中信出版社 , 2025. 9. -- ISBN 978-7-5217-8017-8

Ⅰ. I25

中国国家版本馆 CIP 数据核字第 2025P28G15 号

梁庄十年

著者：　梁鸿

出版发行：中信出版集团股份有限公司

（北京市朝阳区东三环北路 27 号嘉铭中心　邮编　100020）

承印者：　河北鹏润印刷有限公司

开本：880mm×1230mm　1/32　　印张：9　　字数：193 千字

版次：2025 年 9 月第 1 版　　印次：2025 年 9 月第 1 次印刷

书号：ISBN 978–7–5217–8017–8

定价：69.00 元

总序

2013年秋天，写《艰难的“重返”》时，我是在美国杜克大学的图书馆里。至今仍记得图书馆对面那个孤悬又绝美的教堂塔尖，每写几行字，我就忍不住抬头望向它。它当然一直在那里。塔尖直伸向天空，纤细、自在，又充满力量，塔身上的砖纹依稀可见，繁复华丽。大朵大朵的云浮在蓝天中，一动不动，好似永远在那儿，从来如此。

当时我是应杂志之约，对自己前后五年写作“梁庄”的过程做一个回顾。这一邀约来得非常及时。到美国的一个月，我其实无所事事。无论是坐在房间里，还是在大学图书馆里，我都无法找到内在的支点进行阅读和写作。这不单单是因为身处异国他乡，也与2012年底完成《出梁庄记》之后我的空虚状态有关。

远行并没有让我获得宁静，相反，那一丝空虚犹如细细的颤音，和孤悬的塔尖遥相呼应，盘桓萦绕。时间很慢，一些未曾被意识到的，却极为重要的东西逐渐回到心里。

谁又能想到，十多年之后，仍然是远行，这一次到了另外一个国家的一个城市。在朋友邀约之下，我开始对自己写作三部“梁庄”的这十几年做一个回顾。

几乎是一种重复。时间没有向前，而是不断回旋，以同样的方式、同样的思维方向又回到原点。

此刻，窗外天空寥廓悠远。城市的屋顶此起彼伏，掩在高高低低的绿树之中，看不到阳光，却能感受到灰云内部所包含的光线。突然间，阳光跃出云朵，那一座座屋顶像被一双大手抚过，霎时间明亮耀眼、清新芬芳，花朵、树叶、枝干栩栩如生，犹如神启，所有事物内部的核心在阳光的魔法下复苏，生机勃勃。

这让人困惑。我是怎么来到这个地方的？是什么样的命运，什么样的可能带我来到这个我从来没有想过的、全然陌生的，却又似乎必然和我的生命发生某种联系的地方？

无论是思想还是行为，出走、远行都是一种象征，既为了更清晰地界定你曾经“在”的地方，也是在扩张自己思想的边界，以更准确地理解那个曾经的“在”。只是，我没有想到，对我而言，有一天，“北京”也成了一个象征性的存在，成了远方的家。这多重的远离，让“梁庄”成为内核中的内核，“在”中的“在”。

我希望能真的走进它。

自非虚构写作在当代中国产生影响到现在，已经过去了一段时间。现在，作为一种文体的“非虚构写作”已经被大家熟悉，这和 2010 年前“非虚构”无人所知的状况截然相反。当年，我把“梁庄”的稿子给了时任《人民文学》主编的李敬泽老师，一点都不知道他要放在哪里发表，而放在“非虚构栏目”发表获得社会的广泛反响之后，李敬泽老师一再表达，他自己也很意外。也正是这个契机，作家、评论家、媒体、大众等几种合力一起开始了一系列几乎是补救式的创作实践和概念完善。综观这些年的争论、批评和创作倾向，会发现，大家都急于拿一个现成的概念——不管是欧美已有的还是其他学科领域的——来界定“非虚构写作”的形式、边界和内涵，评判大于讨论，确定性大于扩张性，完成性大于未完成性。这对“非虚构”这样一个在中国还过于年轻的文体而言，似乎有点过于急躁。并不是说不需要去定义概念，而是，在它的创造性还没有被充分发掘，好的文本和表达还没有真正出现时，就过于强调它的确定性和边界性，会不利于这一文体的真正发展。

我很认真地研究大家对我的批评：《中国在梁庄》里面的情感过于清浅，过于强烈，以至于遮蔽了人物自述部分。这是对的。我在《出梁庄记》中做了一些调整，但这些调整并非出自它要符合“非虚构写作”的规范，而是因为我确实觉得要保持一些距离。我对那些基于我不符合“非虚构写作”要求的批评并不认同，我认同我的写作有问题，但它的问题不在于它没符合那一要求。

其实，我很怀念我写《中国在梁庄》时的状态。完全内化的写作，我全部身心想的只是怎么样更好地传达我想要传达的，我不知道“人物自述”以那样的方式放在文本内部有没有先例，我丝毫没想到要担心这一点，我只是在努力面对“梁庄”本身，努力去呈现“梁庄”。我喜欢这样的纯粹。知识的边界、概念，都是日常所要关注的东西，当面对写作对象时，它们只是土壤，是冰山下面的那一部分。

十几年之后，我作为一位读者再来阅读《中国在梁庄》时，仍然会被其中某些情感所震动，那也是当初我的震动。我保留了这些，其实也是保留了最真挚的一部分。我想，之所以不同地域、不同背景的读者读《中国在梁庄》会受触动，可能也有这部分原因。这些是双刃剑。它们是《中国在梁庄》的缺点，但没了这一点，“梁庄”还是“梁庄”吗？可能，早已被尘封到时间内部了。

我想表达的是，在真正开始写作之时，一个写作者也许要学会做减法，别考虑批评家的评价、同行的评价，别考虑经典的同类是什么样子。你考虑的只应该是：你要怎样更好地呈现你的写作对象。你要调动你的全部精力去应对这些，而不是另外一些。

经历了十年时间，写了三本“梁庄”，如果说我完全不受名利的影响，完全没有因为某些批评和建议去改变自己的写作，那可能有点虚伪。我想要写出更好的作品，这个“好”字当然包括希望得到同行和批评家的认同，希望得到读者的认同。从负面来看，这会使我迎合一些东西，但从正面来看，它让我更加严肃地对待我所书写的生活和表达的形式，我希望它们能够留下来。我喜欢自己有这样的野心。一想到有可能二十年、三十年后还有人会去读“梁庄”，我就跃跃欲试，想立刻拿起笔，去写作，去感受梁庄里的每一个人和湍水里的每一种植物。

如大家所见，《梁庄十年》的叙事方式和角度有所变化。我在努力探寻非虚构文体的边界。一个概念的产生、发展和最后相对的固定，需要具体的文本支撑。好的文学一定要有开拓边界的能力。有批评家认为《梁庄十年》有点像小说，叙事性过强。我想要强调的是，对我而言，《梁庄十年》是非虚构文学作品，甚至，它比前两本书都更加“非虚构”。因为在这本书里，我试图关注那些低入尘埃的细节和存在，这些，在大叙事里面，往往很容易被忽略掉。它并不是在一种轻松随意的心情下进行的写作，相反，它是在经过更加细致地琢磨之后的书写。书中的叙事性并非为了讲故事，而是为了让现场更加具有多向性和复杂性。

当然，这只是其中一个层面。《梁庄十年》之所以如此日常化、细节化，最重要的一点是，我的心态变了。

写作《中国在梁庄》时，我是第一次以一种思考状态回到梁庄，第一次去凝视具体的梁庄和梁庄人。我之前也认识他们，但从来没有认真凝视过他们，这些就在我身边的亲人，我好像是第一次听他们讲自己的故事和生命中最沉重的时刻，我好像突然意识到我童年生活过的村庄正在发生着巨大的变化。在这样的心态下，《中国在梁庄》中的“事件”大于“日常”。我着重于书写梁庄人生命中的“震惊”时刻，五奶奶的孙子被淹死，堂伯的丧礼，春梅的自杀，村庄小学变为猪场，扎根在湍水里的挖沙机，等等，那些“震惊”时刻无一不携带着大的时代痕迹。我想，这是一个初次“踏入”中国乡村社会的人都会有的震惊，你会惊讶于它内部的复杂性。新生与废，传统与现代，它们以极为矛盾的方式镶嵌在古老的中国大地内部。

这是我写《中国在梁庄》和《出梁庄记》时的内心。我常常震惊于梁庄身上变形了的“时代性”，它完全破碎于梁庄古老的灰尘和泥淖之中。我也常常震惊于梁庄的“整体性”，当沿着梁庄人的足迹在中国大地上行走时，我意识到，所谓“结构性变迁”这样的词汇简直太苍白了，它让无数农民的跋涉、寻找，无数家庭的分离、想念，无数种遭遇，变为一个冰冷的集合性陈述，“个体”不见了，只有路途上背着行囊艰难行走的“群体”，他们被作为一个符号叙述。

在这样庞大的“时代”和“整体”面前，我几乎有些迷失。我把自己放进去太深了。读者也被我的情感带进去了，他们执着地问我：“那该怎么办？”他们看了两本“梁庄”，既为之感动，又非常不满。“那该怎么办？”他们大声发问。在几乎每一场公开活动上，我都会被这样大声提问。

“那该怎么办？”刚写完《出梁庄记》的那一年，我也特别纠结于这一问题。我重新回到老家，沿河行走，我加入乡村建设的团体，去跟着他们做各种活动；我回到老家，试着和政府部门打交道，看能不能做一些什么。我看到更多的难题。我看到乡村改变的艰难，看到大家的迷茫，深刻感受到自己的人微言轻。我不知道怎么办。另一方面，在文学场内，我在面临另一场战争。我深知同行和批评家的态度，“梁庄”既不是标准的非虚构作品，也不是标准的文学作品，“当社会学大于文学时，那肯定是你的作品出问题了”，一位非常优秀的非虚构写作者非常反感读者提问他书中所涉及的相关社会问题，他认为那是对他的非虚构写作审美性和艺术性的否定。他的这种态度让我意识到我处境的尴尬和某种微微的羞耻。

这真的就是一种否定吗？我问我自己。

我该如何继续书写非虚构作品？如果我还要写的话。

到今天为止，我仍然没有找到能说服我自己的答案。我只能说，让我感到庆幸的是，因为阅读“梁庄”，无数的读者想到自己的家乡，想到自己的过去，想到有这么广大的现实存在，他们在感受，也在思考。同时，也因为这样的写作，我的精神世界、思维方式在不断生成。这就够了。这难道不是文学应该具有的“内部精神”之一吗？

这当然是一种自我安慰。但也只能如此了。

我从来没有想到我要写《梁庄十年》。对一个写作者而言，这样“重复”书写是非常危险的，也极容易被诟病。太长时间浸染在一个事物中，思维很容易被局限。时间久了，就会产生固定模式，哪怕你不断提醒自己。

两本“梁庄”其实已经够了，我不是那种能够下苦功夫去做更多实地调查的作者，我还是更喜欢书房以及书房里的生活——看书，思考，写作，发呆。我的那张极易过敏的脸是我和现实世界之间最根本的障碍。

但是，事情从来不会按照你所想的去发展。这正是人生有意味的地方。这十几年间，在和家人打电话时，我自然而然地听到梁庄的一些事情，哪家娶新媳妇了，谁去世了，谁家的孩子考上了大学，等等。有时，也会有老乡打电话过来说来北京了，于是，一顿饭下来，梁庄的近期新闻清清楚楚。更多的是，每年的几次回家，我也像往常一样，先是父亲、哥哥带着我，逐渐地，姐姐们、霞子加入进来，又有梁安、丰定，越来越多的人加入，我们在村里转悠，聊天，吃饭，喝茶，看打牌，开心极了。从表面看来，梁庄的生活几乎一成不变，梁庄村头的树也一成不变，可是，身在其中，你就会敏锐地发现，村庄北边墓地里的坟已经侵占到路上了，村庄东头屹立多年、几乎成为路标的那个小房子终于彻底倒塌了，五奶奶又矮了一些，梁安胖了，霞子和前夫的关系好像又微妙起来，湍河的水量比往年夏天大了，等等，等等。

令我自己诧异的是，我始终对这些充满好奇心。我没有厌倦，没有审美疲劳，每次回梁庄，我兴致勃勃地回去，充满想念地回来。实际上，我还没有离开就已经开始想念了。每次妹妹给我打电话叙说梁庄里哪个人的故事，我立刻就想回去见到，我想和那个人一起去走亲戚串朋友，想坐在他面前，听他讲自己的事情。我想请他吃饭、喝酒，陪他高兴、悲伤，或者只是玩耍。

这是我完全未曾想到的。

我仔细想了想，也许，令我如此充满好奇的原因，是未知性，是不以你的意志为转移的时间的前行，是必然的老去和新生，是连主人公自己都不知道的未来的人生。其实，无论身处世界上哪一个角落，每个人都在这人生的舞台上完全不可逆，完全不可预料。所不同的是，因为我持续的书写，“梁庄”的舞台性变得鲜明。我想看梁庄里的每个人如何走出自己的路径，想看“三十年河东三十年河西”会把湍水带往哪个方向。

生命的变化、时空的变化从未以如此细微却又清晰的方式被显现出来，它是如此丰富，如此复杂，充满美感和幽深的意味。

也正是在这样持续的观察中，一些更为深层的存在被一点点发现。我常常说，“非虚构写作”中的现实并非就是描述一种现实，就好像有一个现实不言自喻地放在那儿，谁来写都一样。不是这样的。非虚构中的现实包含着“发现”，因为现实有着无穷无尽的内部。就像在写《梁庄十年》第二章时，我突然发现前两本书中很多女性都没有姓名。经历了漫长的十年，我才意识到这一点。甚至，在中国现代文学史上，许多女性都没有姓名，春宝娘、祥林嫂、吴妈、小尼姑，不是作家不想赋予她们名字，而是在现实生活中，她们就没有名字。“大家都叫她祥林嫂；没问她姓什么，但中人是卫家山人，既说是邻居，那大概也就姓卫了。”鲁迅在《祝福》中的这几句非常简洁又形象地勾勒出祥林嫂的“无名”状态。一百多年后的今天，它依然适用。

对我而言，单单意识到梁庄女性的“无名”状态，就花费了十年。因为这一切太日常化了，日常化到我们根本忘记了这样一个坚固的存在。这样的集体无意识，这样的观念方式，在我们的文化深处，在每个人的生活中，到底有多少，我们无从知道。下一个十年、二十年，我还会在“梁庄”有什么新的发现，我不知道，我很期待，我几乎把这种期待看作一种学术上的无穷探究。

无论如何，我喜欢这样的发现，细节的、个人性的、日常的发现。它们也许没有前两本“梁庄”那么宏大和整体，但是，它试图展现生活的另一面，“外面”和“里面”，它们合在一起，构成一个时间的、空间的和历史的梁庄。

写作三本“梁庄”，十年，或者更久，我在变老，我和梁庄的距离越来越近，也越来越远。“近”是因为它一直在你心里生长，你和它一起经历春夏秋冬，生死轮回，多少人出去打工，多少人回镇上做生意，多少人回村盖房子，多少人回来抱孙子，来来去去，每一个人的去世都是亲人的去世，每一个人的出生都是亲人的出生。村后土地种的艾草有多旺，河道的水在夏天涨出多少，你都知道，就好像它就在你身边，你就在其中。这种感觉非常奇妙。当年必然的离去成为今天更加亲密的前提。它在你心中闪闪发光，不是它有多美，而是因为，它是你的亲人，是你生命内部的某一部分。

“远”是因为随着生活轨迹的变化，我在不断远行，离梁庄越来越远，离我熟悉的生活也越来越远。

就像此刻，我身在异国的房间，看着窗外层叠递次的风景和来回旋飞的海鸟，觉得自己像是被流放到了世界的某一角落，孤悬在时间和生活之外。说到底，在内心深处，人都有一个核心，与那个核心相关的空间、时间、人是你的家和你的归属，你所有的时间感和存在感都是相对于它而言的，都是以它为中心辐射出去的。这一空间感和时间感是我们思考的前提和起源。

我刚刚放下电话。是老家的姐姐打来的。她罕见地没有使用视频通话，而是用了语音通话。这不符合她一贯的风格。姐姐欲言又止，最后说，梁庄的老屋在前两天被拆除推平了，因为政府要清除危房。等她得到消息，从县城赶回到梁庄时，家门口已经空空荡荡。在听姐姐这样说时，我的思维和情感处于奇怪的停滞状态，我平淡地说，拆了就拆了，既然是国家政策，再说，老屋早已是危房，也早就住不了人了。聊了几句家常，我们挂了电话。

我看了一会儿窗外，转过身，开始做家务，洗碗、拖地、擦窗。一滴眼泪突然掉了下来，然后，一串串眼泪往下掉。有什么东西在心脏里一下一下捶击着，我努力压抑自己，不让自己发出号啕的哭声，尽管房间里只有我一个人。

梁庄的老屋没了。这就是历史。也是现在的我自己。我在异国的城市里，想象着梁庄的空荡荡的家。我的心很疼。

目录

第一章

房屋

梁庄的新房在不断增加，老房也迟迟不愿离场。它们以日落西山的姿势顽强地支撑着，几面破败的山墙，一段残垣，腐朽断裂的屋架，点缀着梁庄的风景。新房和旧房，共同造就了梁庄越来越拥挤、越来越混乱的内部空间。

如果只是一个旅行者，他所看到的，完完全全是一个杂乱无序的北方村庄。

小字报

2020 年 7 月，在连续十几天的暴雨之后，和其他任何一个年份的这时刻一样，湍水又涨了。

只不过这一次，湍水有鱼。在前面将近三十年间，湍水一直重度污染，大鱼几近消失，只有在一些分散的小水洼里，才能见到像小梭子一样的野鱼苗。一段时间后，这些野鱼苗也将消失不见。这几年，湍水渐清，站在水边，经常能看到水中大鱼跃起的身影。

湍水的水位暴涨到河道中那条沙土主路的位置，浩浩荡荡，一路翻滚下去。梁庄的男人们非常兴奋，举网提桶，几人结伴，从村庄后面的路下去，到南水北调大河和湍水交叉的那个大桥下面，布网逮鱼。那个位置沙少石子多，易于站立，也易于逃跑，万一上游涨水过来，几十步远就是护河堤，可以很快爬上去；而其他地方，是一望看不到边的平坦河坡。

技艺高超且胆大的人很快就抓到了鱼。大鱼足有五六斤，小鱼也有尺长，鲜嫩无比。一般情形是，大家抓到几条鱼后，回村聚在其中一家，煎炒烹炸，吃着鱼，喝着啤酒，聊着大天，到下午四五点钟，又到河里去抓鱼。一时间，村庄人声鼎沸，简直像过节一样。

一天早晨，韩家一个年轻媳妇清晨起来洗脸，洗完脸，端着脸盆往院子门口泼水，突然发现门口的电线杆子上贴了一张传单。她以为又是上面出了什么通知，就凑过去看。这一看，她给吓住了。家里男人已经下河抓鱼，一时找不来人商量，她就撕下那张传单，急匆匆往村口红伟[1]家那边跑。红伟家是梁庄的新闻交流中心，从早上六七点钟到晚上八九点钟，都有人聚在一起，喝茶聊天。

在路上，她又碰到另外一个年轻媳妇，也一脸慌张，还有点莫名兴奋，手里拿着同样的传单，说是在她家门口的电线杆子上发现的。她们两家都在梁庄村中心的主路上，一个在东，一个在西。

她们一路往村前跑，边跑边注意观察路边的电线杆，沿路没

1　红伟：红伟家在老公路的旁边，是进出梁庄的必经之地，红伟好客，梁庄人经常凑在这里打牌、聊天、交流。

有发现同样的传单。

红伟家门口，一群人围在一起，正聚精会神地看一条鱼。

那天早晨，红伟在河里抓到一条二十来斤重的大草鱼，大家都赶过来参观。那条大草鱼躺在水泥地上，翻着白眼，大张着嘴巴，艰难地一呼一吸；但是，鱼尾仍用力扑扇，试图把身体带起来，但只徒劳地搅起了水泥地上的灰尘。人们啧啧感叹。多少年了，湍水没出现过这样大的鱼。

红伟家隔壁的凤嫂家门口，石凳四角已经摆上茶杯，中间放一副扑克牌。几个老牌友坐在那里，正慢悠悠喝茶，等着牌场开始。

两个人拿着传单，一头扎进人堆里，嘴里嚷着，赶紧来看，这是咋回事啊。其中一个小媳妇眼尖，看到张香叶坐在凤嫂家的牌场边，就跑过去，说："香婶儿，你快看，这说哩都是啥啊？"

张香叶拿起传单看，约有两分钟的样子，脸色突然变得煞白，身子晃了晃，有点站不住似的。她把传单揉成团，装到口袋里，眼睛垂着，扒开人群，往外走。快走过红伟家门口时，另一个年轻的媳妇追过去，把另一张传单递给她，她默默接住，也揉成团，装进口袋里，往家的方向走。

人们目送着张香叶，直到她走过村口的那条拐弯路，人不见了，才像突然醒悟过来似的，争相说起话来。那两个小媳妇又把自己如何发现这张传单、如何一路惊慌跑来细细说了一遍。

这时，另外有两个人，各自从口袋里掏出一张传单，和刚才那两张一模一样。

人们头挨着头，碰在一起，开始认真研究传单上的内容。那条大草鱼被遗忘在一边，它的尾巴早一动也不能动了，两只眼睛还偶尔翻一下，露出里面的白眼。

揭发信

你张香叶干了什么事，不要以为过了这么多年大家忘了就当没事了。

当年你和韩天明的丑事全村人都知道，你不守妇道，和韩天明眉来眼去，在家苟合，你的三儿是谁的孩子，大家都清楚。

你看韩天明家里有钱，你好吃好喝好沾光，就往人家身上贴。1974 年冬天，你和韩天明在你家做的啥事村里人都知道，你丈夫不在家，你就天天领人回家，你叔伯哥知道了，堵了好几次门，把你们堵在床上，打得你鼻青脸肿。你说你改了，以后再也不会了。你丈夫从部队回来，看见你给韩天明做的衣服、鞋，跑去找韩天明，韩天明都承认了，你还不承认。后来，部队上要定性你是破坏军婚，你害怕了，还写了保证书，这事 ×××、××× 都知道，当年，他们都是证人。现在，他们都死了，死无对证了，你以为事情就过去了。

要想人不知，除非己莫为。一个人道德败坏，就该叫大家知道，别想着老了就变好人了。

张香叶，今年七十五岁。在梁庄，她以无可挑剔的品行，大家闺秀般的举止，干净整齐的装扮，多年来助人为乐的精神，而为大家所赞颂。她是村里为数不多懂得婚葬礼仪的老人，无论哪一家嫁姑娘，她都会默默在场，帮着装箱，准备各种礼仪所需的东西，教姑娘怎么应对。从准备出嫁到把人送走，张香叶一直都在，而且每天最早到，最晚离开。如果梁庄的老人去世，张香叶更是从开始到结束，全程在场。每天半夜离开，早晨四五点就来。她教亲属怎么清洗老人的遗体，老人的寿衣，她也一层层帮着穿，孝子的孝布怎么叠、怎么戴，老人口里放的东西、手里攥的东西，她都帮忙去做，让亲属不落下任何礼数。有她在，大家的心就不慌。

听村里年龄稍大一些的人讲，早些年，张香叶家里有缝纫机，她会剪衣服做衣服，一到春节，去求张香叶的人排成长队，张香叶基本上不拒绝。曾经住在她家隔壁的霞子妈说，每年那时候，她家的缝纫机咔嗒咔嗒彻夜响，但是，她从来没收过谁家的钱。

至少就我而言，小字报里所说的事情，我从来没听说过。韩天明作为梁庄的传奇人物，我们倒是从小到大一直听说。他的女儿和我同岁，小时候一起上学放学，我很小就知道她父亲另外找了一个女人，不要她妈了。但是，没有一个人提到过他和张香叶的事情。

那天，我和霞子[1]一边顺着韩家那条路往村里走，一边数着旁边坑塘上盖的新房。在梁家和韩家交界处的那两个坑塘早已被填满，左右两个坑塘盖了七座新楼。

在我的少年时代，一到夏天暴雨季节，水涨得很高，这两个坑塘中间的那条路会被完全淹没，人们都小心翼翼地从中间蹚过，坑塘的一边有一个沟渠，水往河坡方向排。据老人讲，这条沟渠一直都有，得亏它连通了村里六七个坑塘，否则，村庄早被淹没了。

现在，这条沟渠上面，也盖上了房子。

远远地，张香叶沿路走过来，低着头，往左边自己家方向拐。我刚要扬手打招呼，霞子妈赶紧拦住，说："别叫了。"

在霞子家老屋的前面，是韩万杰家——梁庄最神秘的一家人。他们一家很少和村庄里的人交往，好像自小到大，我从来没有进过他们家院子，虽然这里离我家只有五十米远。韩万杰的妈妈，传说中梁庄最厉害的婆婆，我也从来没有见过。据说她家的五个儿媳，在她面前连大气都不敢出，从清晨起来到晚上睡觉前，一整天都不停忙碌，屁股从来都不敢沾一下凳子。

1　霞子：我的童年伙伴和同学，在吴镇工作。

张香叶是这家的四儿媳。她丈夫韩万胜早年被送养给别人，长大后才自己回来，所以兄弟情谊并不是很深。张香叶早早和大院分了家，在大院前半部分挖出一个正方形，盖了房子。

霞子妈突然朝大院方向努了努嘴，示意我看。韩万杰家的院门大开着，有人正从院子里往外走，看见我们，那人吃惊地“啊”了一声，说：“早啊。”

霞子妈说：“哟，清辉啊，啥时回来了？”

“前天。招待几个朋友。”

“小清，你还记得吗？”霞子妈指了指我。

他看了看我，摇摇头，笑着说：“还真没印象，太多年不在家了。”

“光正家四闺女。”

清辉做恍然大悟状，但看表情，其实还是没什么印象。

我也不认识他。韩万杰家的孩子从来不和村庄的其他孩子玩。记忆中，他们每天从院子里出来，去上学，放学再回到院子里，从来没有在院子以外的地方出现过。即使是一家之长韩万杰，也只是偶尔在晚饭之后，从院落里踱步出来，看见人，微微笑着点头，并不多说。在极少的时刻，我从他家院落外经过，透过开着的院门，能看到院落里面盛开的月季，一畦畦碧绿的青菜。那里面的空间很深，很静。

清辉邀请我们进屋坐一会儿，话里话外透着客套，我也顾不得那么多，直接就进去了。我太想看看了。

一栋两层楼房结结实实矗立在院落的左后边，楼房前面的空地做了水泥硬化，院子里摆着朱红实木的圆桌、椅子、柜子，还有棕色皮质沙发，有工人正在忙着安装。院落的右后边，是一栋老房子，这座当年威严无比的青砖大屋，被楼房挤得像个佝偻失势的老人。老屋前面，是一方菜地，茄子、西红柿、苋菜、小青菜，长得正旺，可以看出主人精心打理过。再前面，是张香叶家的后墙。后墙左侧，一条窄窄的小路，通往张香叶家的院落。

清辉已经退休。这次回来，是想把院子好好收拾一下，把屋里的家具、设施再完善一下。他打算以后每年都回来住几个月。

从清辉家出来，霞子妈发出感叹："都是有钱烧的。年轻时一次都不回来，老了老了说要回来住，还不是想显摆一下？我要是有地方去，我是一天都不住这儿。"

霞子在一旁反驳说："就让你去街上我那儿住两天，你都不去。连夜都不隔，吵着要回来。"

大家都笑起来。霞子妈牙尖舌利，活跃异常，可也是一个死硬派，除了自己的那座老院子，两儿一女，谁的家都不去。

霞子妈低声说："院里的菜园子，是张香叶的，清辉上次回来让张香叶把菜园平掉，张香叶不愿意。别看张香叶、韩万胜是清辉的四婶、四叔，可他们关系很不好，他爹韩万杰那时候对他四弟都不好，到他们这一代，也看不起他四婶四叔。"

梁庄的年轻一代对小字报的内容感到震惊，在他们心目中，张香叶是梁庄的道德楷模，是最理想的老人形态。那些年轻的小媳妇都渴望自己的婆婆有着张香叶的性格，而男孩则想着要是自己的亲妈有张香叶那么能干、那么明理就好了。现在好了，一记重棒击过来。他们追着老人问当年的事情，或往老人堆里凑，想多了解一星半点真相。

老人们则一心只追问一个事情：谁写的小字报？

老人们掰着手指头算谁家和张香叶有仇，也大约拼凑和还原出了当年的事件经过。

在 1967 年或 1968 年，张香叶嫁给梁庄的韩万胜，当时，韩万胜在部队当兵。在那个时代，姑娘嫁给当兵的男子是非常不错的选择，少一个人的口粮不说，隔几个月还能寄点钱或军装什么的回来。张香叶个子高大，白白净净，不爱和村里其他妇女说家长里短，转年就生了大儿子，也是本本分分下地干活挣工分，闲时在家剪衣服做衣服。

她和韩天明什么时候开始偷情的，没人知道。但是，有蛛丝马迹可寻：韩天明在吴镇上班，回来后没事就爱往张香叶家钻。“寡妇门前是非多”，虽然张香叶有丈夫，但也形同没有。其他男人也瞅，也想往张香叶屋里钻，可是都被张香叶轰出来，只有韩天明进去了，好久才出来。

当时，韩天明在吴镇供销社上班，吃商品粮，手握各种生活资料，在计划供应的年代，那是绝对权威。张香叶一人带两个孩子，挣不来工分，日子也过得紧紧巴巴。有“留心”的人发现，韩天明经常往张香叶家去，进去时手提包鼓囊囊的，出来时手提包干瘪瘪的。一天晚上，韩万胜的三个哥哥埋伏在墙头，韩天明进去不久，三个人就破门而入，抓了个现行。其中，韩万胜的大哥韩万杰狠狠踹了张香叶裆部几脚，二哥拽着张香叶的头发扇她的脸，韩天明趁人不备，溜之大吉。

韩天明的老婆赵梅枝早就忍不下这口气，这下逮住机会，绕着张香叶的门口，直骂几天几夜。张香叶关门闭户，自始至终没有应战。可有眼尖的人发现，这件事情过去后不多久，韩天明就又开始出入张香叶家。这一次，韩万杰拉着张香叶去了韩万胜所在的部队，逼韩万胜和张香叶离婚，并且上告到部队领导，说张香叶是在破坏军婚。据说，张香叶写下保证书，保证不再犯错。

事情传回梁庄，赵梅枝又到张香叶家门口狠骂了几天，说部队替天行道，替她出了口恶气。韩天明到张香叶家门口，拖赵梅枝回家，赵梅枝不走，两个人在张香叶家门口打了起来。张香叶一直没出来。韩天明赌气离开梁庄，到山西一个亲戚的矿上干活。

如果细究的话，也只有赵梅枝和张香叶是死敌。韩天明到山西后，很快又有了新的女人，并且，坚决要和赵梅枝离婚。

但是，贴小字报这件事不可能是赵梅枝做的。首先，她不可能懂得到街上打印这些东西，她老得都快走不动了。她本来就不爱和人交往，自从和韩天明离婚后，更是一个人独来独往。其次，她儿媳也不可能帮她去做这件事，赵梅枝和儿媳的关系向来不好，虽然同住一个院子，但从来都是各吃各的。

“那就捋捋现在村里七十岁往上的人，看有哪些？”

大家你看看我，我看看你。除了生病躺在床上的，村里七十多岁的人大部分都在现场。

“要不是有深仇大恨，谁会翻出五十年前的事情来恶心人？”

峰叔踌躇着说：“也不知道你们注意到了没，清辉这次回来有啥变化没？”

大家问：“有啥变化？”

“往常清辉回来，都会到前院他万胜叔家借电动车，这次好像没有？”

倒是啊。确实没借，他每次出来都是骑自行车。

峰叔对旁边的霞子妈说：“你还记得不？上次清辉回来，咱们去他院子看，张香叶在那个院子里种的菜被他毁了一半，打的隔断也被推倒了。你说，清辉一年就回来几次，他毁人家张香叶的菜园子干吗？”

“回来几次？一次也不会回。要不是为让他奶奶有个落棺材处，那个楼房应该也不会盖。”

这个事情梁庄的人都知道。清辉奶奶是这个大院的第一代女主人，韩万杰去世后，她跟着清辉又住了好多年。活到九十三岁那年，老太太终于扛不住了，随时都有可能过去。她告诉孙子，她唯一的愿望就是回梁庄，她要在梁庄办丧事，要埋在梁庄。可梁庄的房子早已坍塌，无法住人，更无法办丧事。奶奶又极不喜欢韩万胜这个儿子，不愿意把棺材停在他家院里。贤生的棺材最终放在野地里的事情成为全村人的教训，许多长年在外地的人都因此又回来盖房。于是，几个孙子一商量，赶回梁庄盖房。房子落成，又紧赶着把老太太接回来。回梁庄三天后，老太太去世。这件事在村里传为美谈。

“那可说不准。房子一盖起，他就当个事儿了。你没见清辉这几年回来更勤了，退休了，没事了，也想回来住，他看院子里的菜当然不舒服了。”

人们像打开了一个新思路，纷纷发现清辉这次回来不同于往常的地方。譬如这次院子常常开着，和过往的村人聊天时，会提到他要把这院子抹平，再盖三间平房。譬如他这次回来根本就没去张香叶家；往常，除了借电动车，他还会在她家吃饭、喝酒。不管怎样，在梁庄，他们血缘关系最近。

是啊是啊。所有人都恍然大悟。

“我猜啊，早年清辉爹他们打过张香叶，结有仇气，这两年，因为清辉又回来盖房子，要收回院子，还要再盖，估计又闹矛盾了，张香叶也在其中说啥难听话了。清辉就生气了，写了这个小字报。不然，谁会费恁大的事做这件事。再说，他平时都住在大城市里，家里肯定有打印机之类的，自己就可以打印，连儿女都可以不知道。”

是啊是啊。霞子妈分析得头头是道，所有人都点头称是。

这件案子算有了眉目。所有人都默认是韩清辉贴的小字报，目的就是再盖几间房子。

“万胜和清辉虽是亲叔侄，可是，在房子的事情上，清辉那可是牙撕口咬、毫不留情的。再说，万胜是从小送给别人家，长大之后才回来，大家一直不亲，早年张香叶的事情其实也是一个由头，当时就是想把他们赶走。”

不管怎样，七十五岁的张香叶，在生命最末段，经过一生的漫长赎罪之后，突然间，又回到了年轻时代的原点。她大概要背着这沉重的包袱入土了。

“不检点就是不检点，也不怪别人。这种事，从头到尾就不应该做。”按照老人们的议论，那时候都穷得要命，张香叶家实际上还算是条件比较好的，不至于为点粮食出卖自己。更何况，像韩天明这样的溜光蛋，哪家媳妇会随随便便和他说话，让他进屋？还是自己不检点，谁也不怨。

也有人埋怨那两个年轻媳妇不懂事，像这样的事情，看见了就看见了，把它撕掉就行了；不撕掉就算了，还专门拿到人堆里让人看；拿到人堆里也就算了，看到张香叶在那儿，还专门让张香叶本人看，这不是专门添乱吗？那两个小媳妇有口难辩，转过头来骂自己家男人：“都是你嘴贱，欠吃鱼，大早起就往河里跑，逮住啥鱼了?！”

在我离开村庄的时候，张香叶又开始出现在凤嫂家的门前。她安静地坐在凳子上，面带微笑，和大家在一起聊天、喝茶、打牌，像什么事都没发生过一样。

大家觉得张香叶平白受了这么大的磨难，反而对她更好了。

义生

“你看，你往前面看，看见那栋楼了吗？那是韩家义生盖的，四层楼，装修豪华得很，周边可多人去看了。”

我和霞子从吴镇第二初中的后面下河，沿着河坡往梁庄方向走。今年夏天的雨量比往年要大得多。我回来之前，连下了十几天暴雨，上游的洪流冲过来，过往几十年挖得纵横交错的河道，东一个西一个的水洼、沟渠，被抹平了很多。河面宽阔，颇有浩浩荡荡的意思。河岸两边的芭茅、芦苇、野灌木，那些承租户所种的桃树、苹果树，随处可见的东一块西一片的花生地、西瓜地、芝麻地，疯了一般野长，叶秧肥大密实。

这不是什么好事。雨水太大，往往只长秧子不结果。

路过当年吴镇最大的挖沙厂，那些大沙堆已经失去原来沙堆的外貌了，被密密麻麻的杂草覆盖，变成了一个个小山丘。沙堆中间扔着一些挖沙机，像钢铁时代被废弃的巨型机器人，沉重而又庞大的身躯上层层缠绕着灌木、野藤，只剩长长的铁臂高高伸向天空，仿佛经历了内部的漫长搏斗，最终窒息而死。

这些机器在湍水上下游统治了几十年时间，凭借其冰冷无情的外表和改变河流的能力而让人臣服。而今，随着新政策的实施，这些沙堆和机器被彻底遗弃了。从 2018 年开始，穰县就不允许私人开采沙石了，理由有二：一是私人乱采造成河道严重受损，二是私人在河坡里圈河圈地，坐地起价，给老百姓的生活带来不良影响。因此，政府红头文件下来，所有湍水沿岸的私人挖沙厂一律停办。如发现私人继续开采，不但没收机器和沙石，还予以重罚。

但是，这并不意味着就不开采沙石了。毕竟，老百姓还要建房，还需要沙石。于是，穰县成立了一个专门的开采公司，正式的国家单位。愿意参与的私人挖沙场可以继续开采，但必须先把沙卖给开采公司，开采公司再卖给老百姓。有许多私人挖沙场想继续干，但后来发现，开采公司根本没有给他们留下多少利润。同时，老百姓也发现，他们到河里买沙，不只是手续多了，沙价和原来比起来有增无减，还不如从私人那里买。

走过当年施工一半的垃圾填埋场，那层薄薄的砖墙已经完全不见踪迹了，如果不是霞子指出给我看，我根本意识不到这就是当年出事故的地方。当年，不知道哪一任领导一拍脑袋，要在河坡里离河道不远的地方，建设一个大型垃圾填埋场，完全没有想到，如果湍水涨水了，涨到填埋场的位置该怎么办。而且，因为层层转包，等到最后一任包工头手里的时候，这个项目几乎已经没有利润可言，所以墙垒得特别薄。四个工人正在墙下干活，那边的推土机推过来，人一下子全被窝了进去。四个工人全是梁庄人。

再往前，就快到南水北调大河和湍水交界的地方了。那儿有条小路，从那儿上去，就可以到梁庄后面的墓地了。

野构树疯长，树林子所有缝隙都被占满，原来人们踩踏出的小路完全消失。我和霞子来回找了好几次，都找不到往坡上走的路，又不敢贸然进入树林子，只好原路返回，从梁庄通过河坡的那条大路进村。

这时，霞子让我抬眼往村庄方向看。

一幢高大的欧式建筑物屹立在远方的地平线上，那是从河坡方向唯一能看到的梁庄房屋。

义生，韩家韩立挺长老的孙子，是韩立挺夫妇亲自抚养长大的孩子。当年义生母亲和义生父亲离婚，从穰县专门回梁庄，请求两位老人把义生带在身边，她不放心义生父亲，更不放心将来的后妈。从此以后，六岁的义生回到梁庄，和韩立挺夫妇一起生活，直到二十岁到西安投奔刚下海经商的七叔。

人们都说义生母亲眼光长远，韩长老一心培养出来的孩子，那必定要成大气候。

韩家大院，在当年的梁庄，就是梁庄人向往的地方。

霞子说：“你比我小一点，可能没跟上，我还进去过。一进到人家院子里，和咱完全就是两个世界。院子干净又整洁，我记哩可清，有个长花架，花架上有可多吊兰，开着小紫红花。院子左边的那排房子是一个福音堂，韩立挺在布道，人们都可安静，头仰着在听讲，非常肃穆，有书香气息。中间他还去弹风琴，真是好听极了。我是后来上大学又听见这声音，才知道那是风琴。他老婆是个医生，长得可好看，宽脸庞大眼睛，笑眯眯的，会接生，咱们村里好多人都是她接出来的。我小时候没地方玩，常趴在人家门口往里看，韩立挺老婆看见，就朝我招手，让我进去，给我拿点心吃。点心我忘了是啥，但那味道到现在还记得。后来，我听村里人说，他们家从韩立挺爷爷那一辈就发达了，定了很多家规，譬如吃饭时不能说话，不能掉饭粒。当时韩立挺的四个弟兄没有分家，几个媳妇分工明确，该你值班就认真服务大家，不该你值班就可以坐下吃饭，也很平等。几个兄弟有在外经商的，有当官的，也有在梁庄的，像韩立挺，就信教，兼教育下一代的孩子。”

我和霞子掰着指头数韩立挺一家后辈的发展。韩立挺七儿三女，七个儿子均在外工作，医生和教师职业居多。20 世纪 90 年代“下海潮”时，韩立挺的七儿子从大学辞去教职，开始经商，生意做得很大，把下一代孩子全部带了出去。这些孩子中有相当一部分都发了财，在西安、南阳、郑州等地买房开店，发展很好，也有另外一部分孩子考上大学，包括复旦大学、郑州大学、厦门大学等重点大学。

其中，韩义生生意做得最大，大有超过七叔的趋势。

从 2016 年开始，义生回到梁庄，把早已破败的大院拆掉，重打地基，开始盖房的宏伟大计。没有人在意这件事。因为在外打工挣钱，回来盖房起屋，这是梁庄大部分人都在做的事情。

说话间，我和霞子已经上坡，进到村内。

正是早饭时间。人们照例端着碗，坐在院子外的小凳小桌前，边吃饭边和邻居聊天。

义生的房屋就在梁庄最靠近河坡的那排房中间。周边有新建的两层小楼，有平房，也有仍能勉强住人的土坯瓦房。

从外观来看，这栋楼即使放在北京、上海，或世界上任何一座大城市，也丝毫不落伍。经典的欧式建筑，灰色花岗岩围墙，上面一圈黑色雕花镂空栅栏，铁制大门也是同款的黑色雕花。沿着围墙外面，一圈月季、凌霄绿意盎然，红花开得正旺。小楼一共四层，一层二层灰花岗岩包墙，三层四层红砖打墙，五层是一个圆拱形的塔楼，四面挑顶，威严潇洒。

看到我们回来，大家纷纷打招呼，并告诉我们，义生不在家。疫情以来，全家人都没有回来过，不过钥匙放在隔壁的本家韩立兵那里。

立兵已经听说了，正急急忙忙往这边跑。我们叫着不慌不慌，他笑着，脚仍然没停。

立兵比我们年龄大些，他一直没出门打工，听说是身体不大好，不能干重活。他的房子还是那种老式瓦房，在这栋楼房的后面，要是不仔细看，简直就是看不到，要矮到地底下的样子。

立兵一边开大门，一边说："你是不知道，这段时间可多人来看这房子，一拨一拨的，有开车的，骑摩托的，还有走路过来的，看西洋景似的。"

院落里面更显典雅、大气，门廊由四根粗大的花岗岩立柱支撑，花岗岩上的雕刻非常精美。院落右侧是一个大型的假山瀑布。

立兵说："光这个假山，就花了十来万，不知道是啥材料做的，你看那上面的植物，据说也是贵到不得了。"

环绕着小楼，四周种满名贵的景观树，有砖路、石子路，休闲喝茶区、健身器材区，功能区隔清晰，又很好地兼顾了美感。

"这应该是找专门的设计师做的吧？"

"可不是专门找人设计的。"立兵说，"整个院子，从头到尾，都是义生和梁安两个人做的，哪有啥设计？俩人一商量，就干起来。大前年，有多半年时间，他都待在家里，一点点盯着人做，还全国飞，到处去找材料，花了不知道多少钱。这四层楼九间房，他叔们和姑们每人一间，床、柜子、沙发，家里一应东西都准备好，谁回来都有地方住。去年春节他们都是在这里面过的，那热闹劲儿，可真是。”

立兵打开门，左边是一个挑高几乎八米的大厅，全明落地窗，早晨的阳光刚好洒进来，照在墙上。墙上是三个老人的巨幅照片。除此，没有任何装饰。

霞子说：“呀你看，左右那两个就是韩立挺和他老婆，我还记得他们的样子，韩立挺留着一个小胡子。最中间的那个可能是义生曾奶奶的照片。”

立兵说：“可不是，义生曾奶奶活的时间长，义生还跟上见过。这看着是照片，其实不是，是在郑州专门找人画的像。也花了可多钱。”

照片是黑白的。左边韩立挺面容清瘦，不大的眼睛里透着睿智和慈爱，右边韩立挺的老婆微胖，宽眉大眼，戴一个金丝眼镜，看起来非常明理。中间那位老人的照片略微高于韩立挺和他老婆，老人穿着旧式的对襟棉袄，眼睛更深一些。

客厅是水磨大理石地面，摆一组墨绿色真皮沙发，角落有边柜、茶几、雕像和各种摆件，每样家具都是极贵的品相，非常时尚，透露出内在的奢华。

可是，不管是坐在客厅正中间的沙发上，还是到角落处欣赏雕塑，都能感觉到墙上那三双眼睛，它们似乎能转动，我们走到哪儿，它们就跟到哪儿。在这样的关注下，莫名地，大家说话的声音都变轻了很多，行动也庄重起来。

沿着转角楼梯，我们一层层上去。从第二层开始，每一层都有三间客房和客厅，客房有床、衣柜、卫生间，客厅有沙发、茶几，靠着阳台是一个书房，书房里摆着实木长书桌、书架和文房四宝。书房直通阳台，阳台是一个大露台，站在露台往外看，可以看到东边层层叠叠的绿树和平坦广阔的河坡，没有任何遮挡。

毫无疑问，这是梁庄的制高点。

一个世纪过去，他们家族仍然是一个制高点。只不过，从前他们是作为某种秩序象征而被敬仰；今天，这个被爷爷奶奶抚养大的孩子，以最物质的方式显现着自己的力量。

霞子说："本来这个地方地势就高，义生把院子推平之后，又向下挖很深，从下往上垫，光这个地基就垫了有两层楼高。你往下看，全部是石头垒起来的，中间填土，活生生做成一片高地，再在上面盖好几层，那可不是制高点？听说义生还想买下这片桃林，你想，把这十几亩地再改造一下，那不成大庄园了？可前面那家不同意，也都是他们本家。你想啊，地气都让你们占尽了，我好端端的两层楼，突然啥也不算了，对比着看，咋看咋寒酸，估计心里也很不舒服。"

盖好房子后，义生专门赶到穰县县城把父亲和继母接回来住，每天陪他们散步，给他们做饭，甚至还端洗脚水，搞得继母非常不好意思。她没有养义生一天，觉得自己没有资格享受这等孝敬。

她给村里的人这样讲。大家听了直笑，说你就受着吧，放你这里，说不定还养不出来呢；人家韩立挺那是啥人，方圆几十里唯一的长老，大能人，他精心培养出来的人能会差？

确实，如果你在梁庄村里碰到义生，你丝毫觉察不出他在外面干了多大的事业，也丝毫觉察不出这座房子和他本人有任何相似之处。他是地道的梁庄人，行为、举止，都是一个在梁庄生活很多年的人会有的样子。

可是，他走进那座豪华大屋，你也不觉得有多不协调。他融进这座房子里，就像他融进梁庄，就像这座房屋融进梁庄，都是极自然的事情。

鼻子眼窝都是房子

从吴镇沿公路进梁庄原来有两条路。

一条通往韩家。这条路的右边是一块庄稼地和一个砖瓦厂，庄稼地过去就是缓慢下斜的河坡。砖瓦厂当年就建在下坡的地方，现在已经废弃，留下一个巨大的深坑，被人用木板圈了起来，放置了许多废品。路的左边是梁家的自留地，自留地再过去，就是另一条往村中的路，这是通往梁家的路。

这个路旁有一个小房子，那个小房子从我记事起就在，是清立父亲盖起来的，据说他当年是想在路边开个修理铺，不知何故，一直没有开起来。2012 年的夏天，连续几场暴雨之后，那个小房子彻底坍塌，只剩下一个高台，上面长满了豆角秧和野草。

一棵高大的桑椹树，孤零零地高悬在村头。一到夏天，上学的孩子走到那里，都要捡块瓦片往上扔，然后仰着头，等着桑椹下来。红红的桑椹砸下来，砸到灰尘里，根本没法吃，极少数落到草丛里，吹一吹，还能吃上一颗。

过了桑椹树，就是路两边的两个大坑塘。小时候，我曾在这两个坑塘里游过泳，逮过鱼，捉过泥鳅。

现在，桑椹树早已不见，两个坑塘也已经被填。

清立弟弟清红在青海校油泵，回来专门为侄儿，也就是清立的儿子，盖了两层楼房，想着能以此给他找个老婆。可是，房子已经盖起来五六年了，清立儿子的老婆还没有找到。

这栋房子刚好就盖在坑塘往外流的沟渠上，其实就是村庄的水道。下大雨时，梁庄全凭这个沟渠往外疏通水流。

霞子说："你看，原来这里是坑塘的出水口，坑塘蓄满了，水就沿着这个沟渠往河坡下流，这样，自然实现了排水功能。可现在，坑塘一填，出水口一堵，村里的水就没地方去，一下雨，水满村跑，路都泡在水里。各家各户都只为自己。房子地基一家比一家高，就连房顶，后盖的人家也一定要比周边的高出一两寸，要压过别人。可没意思。”

但其实，坑塘早就在被填了。

2000 年以后，村中坑塘的水越来越少，没干涸的也变成了水上垃圾场，恶臭难闻。有想盖房但又没地方盖的人就去队里申请。在当时看来，也不是一件坏事，一个大垃圾场放那儿，像个大疤一样，怎么看怎么不舒服。于是，坑塘上的第一座新房建了起来。

很快，梁庄小学门前的两个坑塘也被填起来，一边盖了一连六间的简易房做家具厂，一边被王家两户人占了去，盖了两栋房子。几家人都只填到自己需要的地方，这两个坑塘就留下两三个深陷的水洼地，成了垃圾场和苍蝇蚊子的滋生地。

韩家的那两个大坑塘也被韩家人填埋了盖上新房。这两个坑塘在梁庄的正中央，也是梁家和韩家的分界。涨水的时候，水漫过坑塘中间的那条小路，人们涉水而过，端着碗，卷着裤腿到对面霞子家门前的饭场吃饭，似乎都格外珍惜彼此的关系。对于我们这些孩子而言，这两个坑塘，及这两个坑塘所形成的通往河坡的沟渠，都是非常美好的回忆。

于是，梁庄村的六个坑塘，不知不觉中，已经全部消失。除了曾经在村庄生活过的、三十岁以上的人知道，年青一代根本就不知道还有坑塘的存在。

早在20世纪90年代，就有村庄规划一说。[1]按梁庄人的话，就是“趟上”，也就是说，从那以后，谁家再盖房子，都需要在“趟上”。这样一来，长久下去，老房慢慢消失，新房整齐划一，村庄就会有行有趟，有路有车。可是，“趟上”究竟是个什么样子，“横趟”还是“竖趟”，总共几趟，却没有人知道。“趟上”只是梁庄闲话中的词语，漫天飞舞，从来没有落地过。只有在邻居发生纠纷，或有人要强行盖房时，村干部才会拿出来使用。但这种情况极少发生。人们唯一知道的是，要想在村里任何一个地方盖房，必须找村干部，只要找到村干部，趟不趟上就不重要了。至于具体哪个干部，问到谁，谁都闪烁其词，语焉不详。

对梁庄近十年所增新房稍做调查，就会发现，这些新房的主人并非都是那些在外打工的农民工，也包括久离家乡、在外已经有稳定工作的人，譬如张香叶事件中的清辉一家，他们全家离开梁庄多年，在外都有稳定且体面的工作。或者，更确切地说，即使是打工者，也多在当地城市买房、买车，有户口。譬如义生一

1 1990年始，穰县开展以加强农村基础设施建设为重点的村庄建设……1997年，打通所有村庄的主次干道和进户道。2000年，全县1008个自然村打通主次干道3094条，全长27万米，实现了村村通汽车。随着农民对改善住房条件的要求日益提高，建设局村镇办自1995年始，在各乡镇推广农村建房通用图纸12种3200套，实施村镇规划，建起排房，修通了村内道路。群众住房结构由过去的土木结构变为砖混结构，不少农户盖起了楼房，部分农户还建起了商业用沿街门店房。——引自《穰县县志·村镇建设》。

家，早已落户襄阳，并且在西安、郑州、穰县均有房产；清红一家，在青海也有房产和户口；像贤义的小弟贤仁，更是早已在南阳落户。

梁庄不在城郊，没有拆迁升值的可能；也不是风景多么优美的地方，不说和南方比，就是在本地，也是人多地少，颇为贫瘠的一个地方。

清辉借着奶奶病逝回乡举办葬礼，在自家宅基地盖了两层小楼，村里人并没有预期他要长住。可是，这几年下来，清辉回来得越来越勤，每次回来，都在置办家具，请人吃饭。现在的最新动向是，他要把张香叶的菜地毁掉，再盖几间偏房。我在村庄闲逛时，几次遇到他骑自行车（确实是自行车，不是电动车）出去采买，也进到院子里的房屋看过。房子收拾得干净整洁，是要长期居住的样子。言谈中，清辉虽然没有衣锦还乡的意味，但也颇为笃定，似乎每年回梁庄住一两个月是非常重要且自然的事情。

回农村盖房，圈个院子，种上花、草，种几行蔬菜，闲时回来避暑休假，正在逐渐成为城市人的一种时尚。对于一个农村出身的人而言，这几乎是一个难以驱除的梦，虽然知道一旦试图实现这梦，必将有千疮百孔的现实来打击，但也忍不住要做。我和姐姐、霞子稍微整理了一下，仅仅梁庄附近的一些村庄，丁庄、崔村、李营就有十几个在城市工作，回来盖房的人。这些房子都盖得非常讲究，外观多是传统的中式建筑，青瓦白墙，画梁飞檐。房内装有抽水马桶、空调、大理石地板，厨房有洗碗机、消毒柜，院子里有花园、假山（当然没有义生那么大的规模），等等，各样现代产品、现代景观，非常齐全。

像贤仁这样，早年到南阳打工，在哥哥贤生的帮助下，很快就在南阳落户，结婚生子，早已习惯了城市生活，但人到中年以后，就开始琢磨着回梁庄。村中的老宅基地已经被他妈卖给了钱家，他妈妈为此曾在大儿子贤生的葬礼上哭死过去，但也没有办法，贤生还是在野外办的葬礼。所以，贤仁只能琢磨新的地方。他看中了梁庄小学门口那个大坑塘所遗留的地方，大坑塘早在多年前就成了又脏又臭的垃圾坑，没人管，又污染环境。所以，贤仁到村领导那儿说这块地时，并没有遇到太大阻碍。

贤仁的盖房工程长达一年之久，盖出来的也就是平常的两层小楼，但对于贤仁一家而言，意义重大。最起码，这意味着他的妈妈，我亲爱的二婶，百年之后，有地方放棺材了。

再没有比贤仁更热爱回梁庄的了。他的皮鞋生意本来是在南阳周边，但他专门回到穰县开拓市场，在吴镇和周边几个乡镇的大型超市都设有专柜。这样，每月总有几天时间，他可以回梁庄住。贤仁爱热闹，他一回来，和他相仿的年轻人便会聚在丰定[1]家，一起喝酒，聊闲天。

1　丰定：早年和老婆外出打工，于 2002 年回到梁庄。

2020 年春节，疫情刚刚变得严重起来，南阳也开始严格把控出入人员。贤仁在南阳度日如年，急着回梁庄，老婆不让回，他也不能开车：早在年初，他就因为醉驾被吊销了驾照。

大年初一早晨，天阴沉沉的，夜里下过一场小雪，贤仁推上自行车，给老婆说去串个门子。出得门，直奔城外，从小路出城，上公路，准备骑行回梁庄。一路上雪越下越大，中间不时有检查站，他不得不走小路，又多绕了几十公里。贤仁顶风吃雪，从早晨骑到下午四点多钟，骑了一百多公里，回到梁庄。

第二天，贤仁的屁股红肿疼痛，不得不去医院看病。就这样，也不妨碍喝酒。从早到晚，贤仁每天在村里各家打牌、聊天，吃饭、喝酒，开心得真是在过年。那一阵子，人们一见贤仁就打趣，问他屁股好了没。

我给贤仁打电话问他在哪儿，电话里的贤仁一听到我的声音，马上提高了声音，问我：“你住多少天？我办完事马上回去。”

我说：“我听说了你的壮举，不得了啊，都啥年龄了，还骑自行车跑长途呢，屁股还疼吗？”

贤仁哈哈笑起来，说：“就这也开心，回去哪怕躺在屋里不动也开心，就是美啊。后来才知道疫情恁厉害，幸亏当时跑得早，再晚几天就出不来了，那才要把人憋死了。”

梁家学军是方圆几十里地唯一在国外打工且站稳脚的农民。

他初中没毕业就出来打工，一次偶然机会，他选择了对外劳务输出，一输出就输出到了西班牙。最初几年在船上当海员，后来上岸学料理，在日本餐馆打工。最初十年，学军从未回过家，也很少跟家里联系。学军父亲天天愁眉苦脸，还去找中介机构闹过，担心孩子在外面出事。

有一年春节，学军施施然出现在梁庄。在聊天之中，人们才知道学军已经入西班牙籍，并且已经学成出师，工资相当高。但高到什么程度，大家并不清楚，学军也笑眯眯的，从不说确切数字。那次学军回来，住了好几个月，在邻村找了一个老婆，带着老婆又返回西班牙。接下来的十来年，学军一家来来去去，有时为送孩子回国，有时为接孩子出国。在这期间，学军在村子中间盖了栋两层小楼，非常朴实，但里面的东西据说相当有品质。学军和他父亲一样，沉默寡言，很少明白表达意见，而是任凭别人议论，很有城府的样子。

现在，他的三个孩子都是西班牙籍，享受西班牙的国家补贴。但是，到了孩子们上学的年龄，他却回到南阳市，让孩子在南阳的私立学校读书。平时，他老婆在国内照顾孩子上学，他在西班牙继续工作。

那天下午，我正在村头闲坐，一辆银色奔驰过来，从车里下来的正是学军。他也是隔一段时间就从南阳回来一次。聊天之中，他说他这几年每年春节都要回国，今年春节也是同样。他和那边的餐馆是合伙人关系。他入的是技术股，人在股在，人走了，这个股等于就没了，所以比较灵活。今年更是有惊无险。本来他们老板想让他晚点走，他说不行，他已经一年没见孩子们了，一定要早点回去。结果没想到，西班牙竟然一度发展成疫情最严重的地方。

我说："学军啊，为什么想着让孩子回来接受教育，西班牙不好吗？"

学军看着我，虽然在笑，眼神却有点捉摸不定。看不出他是在嘲笑我这个问题，还是不满意我这样发问。

他说："好是好，肯定好，可是孩子还是中国人，到时要是连中国话都不会说，我养他们干啥？"

有人在旁边插言说："人家西班牙就是好，仨娃都不在那儿上学，每月还是发钱，花都花不完。"

我说："孩子们愿意回梁庄吗？"

学军摸摸头，笑起来，说："可愿意，从小就在这儿长，咋不愿意，玩着美。"

学军和他哥哥完全是两个类型。他哥哥学民是20世纪80年代村里最早出现的大学生，可工作之后几乎从村庄消失了。据说他老婆回来过一次，觉得农村太脏，觉得学民妈给她专门做的棉花被子太厚，盖着喘不过气，觉得厕所进不了人，当天就要回穰县住宾馆。生了孩子之后，两口子就都不回来了。当着学军父亲梁万秀的面，村里人从来不提学民，梁万秀也不提，就好像没这个儿子一样。从外面回来的梁庄人向梁万秀要学民的电话号码，梁万秀也不给，说都是他们打回来，自己从来不存。

相形之下，初中没毕业的学军，则显得更可亲一些。站在梁庄村头，如果不是他的奔驰车，你根本看不出他是一个在国外待了二十多年的人，更不会相信，他们全家都拥有西班牙籍。

因为学军，大家的话题就围绕着学军一家聊了起来，结果突然又听到一个爆炸性的秘密：学民和燕子谈过恋爱！

村庄就是这样，你以为穷尽了，每天都聊，哪还有什么没聊的？可是不，总有新的秘密出来，就像张香叶事件。引子不知道在谁手里，在非常偶然的时刻就爆炸了。

燕子的事情也是这样。它忽然勾出了我们这一代梁庄孩子心中藏的一道光芒，这道光因为太灿烂，而成为村庄的禁忌。我们不知道这一禁忌为何形成，可是，在谈起她时，也不自觉地放低声音，把头凑到一起，仿佛涉及她的一切，都是见不得光的，包括她的美丽。这么多年以后，我才意识到这里面包含太多要探讨的话题。

梁庄的新房在不断增加，老房也迟迟不愿离场。它们以日落西山的姿势顽强地支撑着，几面破败的山墙，一段残垣，腐朽断裂的屋架，点缀着梁庄的风景。新房和旧房，共同造就了梁庄越来越拥挤、越来越混乱的内部空间。之前村庄往外走的老路，有的被拦腰截断，说是按“趟上”盖的，有的被院墙圈了进去，在不在“趟上”，谁都不知道，各说各的理。从我家出门向左，原来通往村庄外面的那条路被一栋房子生生截断，向右通过村庄后面的路则被沙土堆、垃圾场堵上；而雪上加霜的是，邻居老老支书家儿子，多年在安阳打工，忽然回来，半年之内，在他们老宅基地的最前端，也就是我家的出路口，盖了两层全封闭的楼房，说是按“趟”盖的。这样一来，我家几乎被圈在四面房屋之中，只有一条狭窄的出路，要想进车，就得贴着他家楼房的墙根进去。

像这样的情况非常多，村庄内部的道路几乎都被毁掉了。

梁庄的内部空间，如同一个错综复杂的网络，不在其中，很难摸清楚其路径。穰县政府工作报告中的景象，似乎还没有出现过。[1]与此同时，梁庄的私家车还在不断增加。一到春节，梁庄内部经常会堵车，要错车，要互相等，有些住在村庄内部的人家只好把车停在村口，徒步进去。

1　至2006年，穰县新农村建设初见成效。全县所有行政村实现了通油路。积极推进“村庄整治”，修建道路910公里，治理坑塘179个，兴建村级游园118个、文化茶馆300个、沼气池3800座，安装有线电视5700户、太阳能热水器8700余台。投资3400万元，扎实推进信息村建设，建设信息村330个。村级幼儿园、卫生室、商业网点、治安室、村民活动场所等公共服务体系逐步配套完善，村容村貌焕然一新。——引自《2007年穰县政府工作报告》。

如果只是一个旅行者，他所看到的，完完全全是一个杂乱无序的北方村庄。

大胜

我忍不住想把他写下来。写他和他的花园。

他家就在我家后院隔一条路的位置。小时候，我家没有压水井，右边隔壁二婶家没人的时候，我们只好提着水桶到后面他家打水。我们姊妹互相推托，谁都不想去。不是因为他家里的人对我们不好，而是不敢贸然踏进那颇有点神秘的院落，尤其女主人又太容易用同情的眼神看我们。

在我的记忆里，很少见到这家的儿子，韩大胜。我十几岁的时候，他应该是二十多岁。他先是当兵，然后到外地参加工作，每年也就回来一两次的样子。他皮肤黝黑，五官端正，腰挺得笔直，偶尔眼神相接，和他一脸微笑的父母相反，非常严肃，还有点犀利。他很少主动和人搭话。当然，也可能是当时我们太小。就这次回家的感觉而言，他还是很愿意和人说话的，只是并不主动出去交往。

2010 年左右，大胜向矿上请假，父亲生病了，他得回家照顾一段时间。父母就他这一个独子。没想到，这一回来就是十年。

大胜的父母亲是村庄里面最和善的老人。他家门前的那条路是村庄内的主路，每天吃完饭，早、中、晚，他们都会站在院门口，看到路过的人就打招呼，那脸上洋溢的笑容，善良、关切，没有探听任何消息的意味，任谁都会被感动。但他们好像很少去别人家串门、停留，更别说聊什么天了。

在得了食管癌之后，大胜父亲变得极为衰弱，每日需有人搀扶才能走动一两步，大胜母亲自然无法胜任。大胜回来伺候一段时间，发现父亲根本不能离开人，就办了停薪留职，回来照顾老人，他老婆留在厂里继续工作。

大胜拆掉原来的瓦房——那红瓦青砖的房子曾经是梁庄最结实、最豪华的房子，也是他父亲一生最引以为豪的作品——将之改成一个三间平房，用留出的空地开辟了一个花园。

大胜延续了父母的习惯，见人点头微笑，但很少主动去找别人聊天，或到哪家喝酒、交往，也很少邀请别人到家。每一天，大胜都忙着做各种家务，打扫、做饭、喂饭、做各种琐事，隔几天推着轮椅带父亲到医院看病、拿药。在不多的闲暇时刻，大胜就待在他的小花园里，挖沟翻地，拔草除菌，种花，栽树，养鱼。他从院子里接出水管，修一个方形池子，在池子里装上净水转换器，种上荷花，养上金鱼。他一点一点整理花园里的土，拣出石子、草根，撒有机肥，种上花籽，插上枝，吊上花盆。两三年过去，花园初见形状。一到春天，沿着花园三面篱笆栽种的月季抽芽开花，园内的大丽花、荷花、星星草、地锦草，一层层花铺过去，把地面铺成花地毯，把花园衬得雍容华贵，繁复热闹。

又几年过去，大胜的花园变成了梁庄一景，越来越精细，越来越美了。

然而，父亲还没去世，大胜母亲就突然中风。待办完父亲丧事，大胜又去矿上，这次办了早退，踏踏实实回梁庄，一心一意照顾母亲。妻子一有假期，也会从外地赶回来。大胜母亲一开始连人都不认识，整个脑子都糊涂，这两年有所好转，偶尔有村人到他家里去，她还努力睁着眼睛，一一喊出名字。

人们都说，不光梁庄，就是方圆几十里，谁能找出大胜这样的孝子？更何况，大胜还是抱养的。为了照顾父母亲，自己连孩子都不生。“生孩子”的细节我们当然无从得知，但是，作为一个“抱养”的儿子，这里面蕴含的意义可就多了。在梁庄和周边村庄，很多抱养的孩子往往比亲生儿女更照顾家里。他们忍受闲言碎语和莫名的歧视长大，但当家里需要回馈时，却付出不止一倍两倍的辛苦，甚至因此不惜令自己的小家破碎掉，好像一定要证明什么，这里面有着不为他人所知的道德包袱和压力。

此时正是深夏。

大胜家左边院墙的两排月季花开得艳丽异常，旁边的一棵桃树上，每颗桃子上都罩着粉色纸套。紧靠路的位置，是一个长方形的荷花池，荷叶亭亭，随风摇摆，荷叶中心还存有昨夜的雨水，椭圆形的清水随着荷叶的摆动而左右滑动，却并不掉下来，好像荷叶下面有什么磁场一样。花园里面，大丽花开得正浓，牡丹只有旺盛的绿叶，还有一些开着细小粉花的，贴在地边，像是花环。阳光透过玫瑰、月季，照射到这些小花小草上，生出一种耀眼的美。花园正中央，是一个小小的荷花池，一枝粉色的荷花从肥大的荷叶里伸出来，深绿色的池水倒映着蓝天白云、荷花、荷叶，周围瞬间变得安静，蝉声远去，大地清凉无比。

村庄的每户人家，都会在自家门口种几株月季，几棵凤仙花、鸡冠花，靠院墙栽一些牵牛花或凌霄。但是，像大胜这样，如此精心打理，仿佛要把自己精神的某一部分融入其中的，还真是不多。

也许是听到了我们在外面的喧闹声，半闭的院门打开，大胜从里面走了出来。他的脸更黑了，眼睛非常疲倦，人很瘦。他老了很多。

大胜招呼我们进院子里坐坐。

院子里，一个极瘦小的老太太坐在轮椅里，头向一边歪垂着，一只胳膊也软绵绵垂向地面，她脖子上围着个婴儿用的小围巾，接住不断往下流的涎水。看到有人进去，她努力想把头抬起来。

大胜走过去，扶着她的头转向我们这个方向，对我们说："现在比以前强多了，以前谁都不认识，有人来了，一动不动，现在总想试着认人。"

这是大胜母亲。我怎么也不敢相信，这是当年那个笑眯眯的白胖老太太。无论怎么看，也没有丝毫相像。她瘦得完全脱形了。

我们走到她身边，大姐握住她的手，大胜扶着她的头，让她看着姐姐。大胜母亲盯着大姐辨认良久，最后犹豫着说："这是梅？"

"是啊，是啊，你认出来了？"大胜和姐姐激动地叫。

"梅，梅啊，"大胜母亲伸出另一只手，使劲握住大姐，"梅，梅，你看我啊，成这样子了。"

"你看，她能认出人了，之前两三年谁都认不得。我每天给她做康复，她也可努力，手一抓住单杠就不松。"

大胜边说边从口袋里拿出一个牛角梳子，一下一下梳母亲的头发。

大胜指着旁边的二姐三姐，大胜母亲一一认了出来。到了我，她直直地盯了好长时间，眼睛里一片茫然。

"这是小清啊。"

大姐把我拉到她身边，蹲下来让她看。

她抓住我的手，手像枯枝一样，瘦得只有骨头，却非常有力。她使劲看着我，最后无望地摇摇头，眼泪从眼角浸了出来，说："我是一点用也没有了，一点用也没有啊。"

大胜安慰她说："小清一直在外面上学，要是走在街上，我猛一下都认不出来，别说你了。"

姐姐问大胜单位那边怎么办？

大胜说以前停薪留职是一分不给，办早退后，按照他的工龄，还可以发个基本工资。不过，老婆还在上班，俩人加在一起勉强算够，老太太现在吃的都是维持的药，也不是很贵。

“那你一个人能撑下来吗？”

“也没办法啊。人病了，谁都没办法。我老婆是每几个月回来一次，回来也能帮一下。”

大姐拍着大胜母亲的手说：“婶子，你看你这儿媳妇，又给你挣钱，又回来伺候你，以后可别再说人家了。”

大胜母亲不喜欢自己的儿媳妇，周围的邻居都知道。当年大胜带老婆回来，大胜母亲觉得她长得不好，人看着又不机灵，配不上自己儿子，就爱搭不理，还经常挑刺，批评人家碗刷得不干净、地扫得不好、说话不得体，把一个小姑娘说得哭了一遍又一遍。

旁边的一个老邻居也哈哈笑，说：“就这，大胜爹活着的时候还在说人家哩，说人家照顾得不好，你看现在，全梁庄，就你最享福，老嫂子，你还说不？”

大胜母亲头歪着，使劲往下点，她想说话，可是嘴太慢，急得直流眼泪。

大胜扶着母亲的头，说：“逗你呢，别急。”

整个院子水泥铺地，地面平整光滑，物品简单有序。大胜母亲身上的棉布碎花上衣、裤子、脖子上的围兜都很干净，轮椅的把手、轮子闪着锃亮的光，一切都经过精心打理。没有放弃，没有衰败，没有一丝赘物，简洁到几乎让人不适的地步。

大胜母亲后面，有一个低矮的类似单杠的东西，这应该就是大胜所说的母亲恢复臂力用的器械。轮椅前面，架了一个托盘，上面放着一个有吸底的碗。大胜说母亲每天吃饭像打仗，她的手不能协调动作，拿勺子非常艰难。大胜要在一旁鼓励加帮助，一顿饭从热到凉，再热热，又凉，往往需要一两个小时。

我们要走了。大胜母亲紧抓着大姐的手，她不愿我们离开。在她眼睛里，我清晰地看到死亡的阴影，看到她的恐惧。这是我从小到大在许多村庄老人眼睛里看到的。在村庄，死亡就是一次次公开的教育，让你对生命产生敬畏，同时，也让你慢慢习惯这样的无常。

大胜站在母亲旁边，目送我们出去。

在快到门口的时候，我看到院子角落边的桌子上摆着一副牌。牌分成几行放，有长有短，周边围着四张牌，看样子是在算命。我很想过去看看，大胜算出来的是什么命。

那张桌子充溢着寂寞，这寂寞释放出来，覆盖整个院落。

就像大胜。他脸上潜藏着忧郁，这是他常年孤独和辛劳所累积出来的气息，和他的花园一样，非常美，美得让人伤心。

村头聊天

聊天的人们

夏天大胜的花园

第二章 芝麻粒儿大的命

在每一个村庄里面，都有不可言说的女孩。

那些女孩，或者因为漂亮，或者因为某种遭遇，或者因为行为超出了人们的理解力，而变成了灰色的存在。说起她们时，人们会互相看一眼，那一眼很深很深，好像那些女孩子就埋在那很深很深的后面，任其发酵、腐烂，最后被人遗忘。每一次提起，都是一次发酵，这发酵把女孩推向眼神的更深处。

丢失的女儿

太阳西落，黄昏来临。

霞子妈的小院像是深陷在一个峡谷中，沉默、孤单。落日余晖打在院中那棵孤单的月季上，明亮，又寂寞。一只黑白相间花纹的小猫在院里的水井上跳来跳去，那个水井非常古老，要加一个杠杆，用手不停按压才能出水。现在，各家各户都换成自来水龙头了，只有霞子妈顽固地守着这个。她说自己都是快死的人了，换了也没意义。她知道，她一死，丰定肯定要把这房拆了。

这栋房子是丰定从中山市回来那年盖的，距今已经十八年。地是村口坑塘的一角，丰定拉了几十车沙土，一点点垫起来。从外部看，院门伸入坑塘内部，和周围的房屋自然隔开一些距离，整个院落的地平有些下陷。院子里面的地平更低，人走进去，像掉进一片泥沼地。

五奶奶、大姐、二姐、霞子妈、霞子、我，围着圈儿坐在院里的矮凳上，聊着闲天。一群女人在一起，不管多大，都又变成了叽叽喳喳的女孩子。大姐聊起她第一次来例假时的惊慌，五奶奶聊起她被定亲时内心的愤怒，其实是不好意思。霞子妈一贯的尖刻，把每个人都讽刺一遍，却被五奶奶揭发她其实算是童养媳，从小就被送养到梁庄。

“对了，五奶奶，你叫什么名字？”

大姐突然问道。

大家都愣了一下，面面相觑。似乎从来没想过这件事情，似乎第一次意识到这是个问题。

“霞子妈叫什么名字？”大姐又问。

大家摇了摇头。

“新来的万青家媳妇叫什么名字？”

大家又摇摇头。

霞子妈爆出响亮的大笑，指着五奶奶说：“管她老家伙叫啥名字，以后就叫她老不死的。”

大姐说：“五奶奶算是尊称，咱们晚辈叫五奶奶是正常，不知道名字也是正常。”

“可是，五奶奶是根据五爷的辈分叫的，是依附在五爷身上的。就像我，哪怕我也挣钱养家，在我婆家村里，人家还会说，××家的回来了，没人想起来叫我名字。”

“人家谁知道你叫个啥？不叫你××家的，那咋叫啊？”霞子妈又来了一句。

“问题就在这儿啊。”

“五奶奶，你到底叫个啥？”

“叫个啥？”五奶奶用手使劲搓了搓脸，说，“叫个啥？妈啊，多长时间没提过了。”

五奶奶嘿嘿笑着，脸上掠过一阵羞涩。那是属于少女时代的羞涩，在另外一个陌生的村庄，另外一个家庭，它曾经伴随五奶奶很长时间。

我看着眼前这一群女人，突然想到一个问题，梁庄的女孩子都到哪儿去了？我姐姐们的、我的童年伙伴都到哪儿去了？五奶奶的、霞子妈的，那个“韩家媳妇”的童年伙伴都到哪儿去了？我好像太久没想到她们了。在村庄，一个女孩出嫁的那一刻，就被这个村庄放逐了。你失去了家，必须去另外一个村庄建设新家庭，而在那里，终其一生，你可能连名字都不能拥有，直接变成了“×× 家的”“×× 媳妇”。[1]如果你是城市女孩，嫁到一个不错的家庭，在家庭社交场合，别人会“尊称”你为“某太太”。这些是再正常不过的事情了。可是细究起来，作为女性，一旦出嫁，你主体的某一部分就被抹杀掉了。

我提议大家回忆一下自己少女时代的小伙伴，想想她们都在哪儿，生活如何？

我的话音还没落下，大姐就激动起来，抢着说起来。退休不久的她，刚刚找到一个少年时代的小伙伴，也是梁庄村的姑娘。

就说这次我找化荣吧。化荣我俩是同岁。从小一起上学，上到初中后，她不上了，我接着上高中。后来，我考上学，她非常高兴，那时候她刚出婆家，不上学，女孩子十七八岁都结婚了。我记得可清，她把她结婚时的一件新绿布衫送给我做礼物，当时我很惊

---

1 就在打下这行字的一瞬间，我突然意识到，在写前面“小字报”那一章时，我写的是“韩家媳妇”怎样怎样，我非常自然地这样写，是因为我确实不知道她叫什么名字，也没有想到应该写出她的名字。我想起来，在《中国在梁庄》和《出梁庄记》中，当谈到大堂哥、二堂哥时，我会详细写出他们的名字，但是，在写到女性时，我也从来没想到写出她们的名字，都是直接用“建昆婶”“花婶”“大嫂”“二嫂”“虎哥老婆”来代替，我甚至没有想到要问她们的名字。

这是一个颇让我震动的事实。这么多年以来，我一直觉得自己算是一个比较有自觉意识的女性，早年读博士时，正是中国女性主义思潮兴盛时期，我也买了大量相关书籍，一度想以女性主义为主题写博士论文。可是，在无意识深处，在最日常的表述中，我仍然以最传统的思维使用语言。没有人觉得有问题，我没有察觉，好像读到这两本书的人也没有察觉。语言潜流的内部包含着思维无意识和文化的真正状态。

奇，不敢相信。你们现在无法想象，这个礼物简直是无比珍贵。那天晚上她和我睡在一起，一直聊天，聊的啥我忘了，到第二天早晨，她回婆家了，我隔一天就到南阳上学了。那是年轻时候我们最后一次见面。当时，我没想更多，只想着她替我高兴，后来我才想到，她可能觉得我实现了她的梦想，她也一直想上学，上大学。我出去上学，她到她老公当兵的地方待了好多年，后来听说，她又出去打工了，就再也联系不上了。

我一辈子都在找她。找多少人捎多少信，她家里人、她亲戚，只要是大约和她有关系的，我都会让他们捎信说我在找她，想知道她的联系方式和生活情况。直到前一阵子，一个偶然的机会，通过另外一个小时候一起长大的小伙伴才找到她。她在湖北孝感生活，经济一直很拮据。我一听说，马上去那儿找她。她家是在一个没电梯的楼房里，住九层，不到一百平米，一家五口挤在那里。我一见她，和我印象中的完全不一样。当年她非常好看，现在很瘦，满脸苍白，营养不良一样。我说我找你这些年，咋找不到你。她说，我生活过得不好，不好意思回家，回家还得花一笔钱。与其这样，还不如把这钱寄给家里，更实惠些，省得见了还让父母操心我，更不孝了。我问她那你想不想这个家。我一问，她眼泪哗一下流出来，说，谁不想回家，我一到节日，就很心酸，几十年，哭了多少眼泪。实际上，她婆家的那个村子离梁庄就十来里地，你看这，我俩一辈子都没见着。下一次见也不知是哪一年。

小时候一起长大，天天在一起玩，上学在家，都在一起玩，晚上还要数星星，藏猫猫，打打闹闹，好得像一个人，忽然，都不见了。转眼间，一辈子过去了，都六十岁了。我最想搞清楚的是，她们都嫁哪儿，她们这一辈子是咋过的，她们还在人世没，现在有多老，她们过得到底咋样。世世代代都是这样。要是认真想想，男娃家永远在这个村庄，彼此都知道，女孩子们都无声无息，即使你打听，也很难打听到情况。我这都打听几年了，还有多少小时候的伙伴没找到。想聚一回，难得不得了，一次最多俩仨。你刚说丢失的女儿，可不就是这样。现在我想，假若我是个男孩，肯定不会出现这种情况，从小到大都在村里生活，伙伴也不会丢失。另外，即使我出门打工，或者出去工作，也会和村里有千丝万缕的联系，像红白喜事，等等，肯定都会回来。

我再给你算算我这一个年龄段的女孩子。梁月琴，她妈是咱妇女大队干部，坐地炮，高阶层。她妈爱吸个烟，到哪儿坐都很有官腔。她嫁得最好，老公是中专毕业，有正式工作，她婆家姐姐给她找个计生干部（职位），她也成了国家工作人员。前几年，很偶然地，我们在穰县黑楼那儿碰到了，你不知道她激动的啊，我也很激动，几十年没见面了。她倒没咋变，眼还是可大。韩九菊、王书芬，一个找了个煤矿工人，一个嫁给农民，我出去上学之后，她们出婆家后，就此再也没见过。现在，老了，才又互相找到，又开始走动。

还有王菊英、王淑英两姐妹和钱仙玲，到现在还不知道她们在哪儿，梁庄家里也没人了，就再也找不到她们了。许金铃、宋清焕，前几年听说生病了，而李贵云得了癌症，已经不在了。这些都是偶然见过一面两面，之后就再也没见过。都是听别人说。对了，前几天，在穰县县城突然碰到咱们梁家仙菊，她带着孙女，在广场散步，我是去买个东西，突然碰到，真是高兴坏了。她是换亲换到婆家的。我现在就打电话给她。问问她咋想。

大姐雷厉风行，马上掏出电话。

五奶奶笑着骂起来："柯叉女儿[1]，都不会慢一会儿再打，急成这样干啥？"

电话那边传过来缓慢的、成熟的声音，仿佛一切事都要经过深思熟虑才出口。

爹妈在，梁庄还是家，爹妈一死，没牵没挂，村里和咱没关系。我那个时候不能算是换亲。我 1983 年结婚，整二十岁。当时家太穷，彩礼掏不起，我哥找不来老婆，我就想着，我说啥也得让我哥把婚结上。就给人家说，你不给我八百块钱，我就不出嫁。后来，拿这个钱，我哥算是把彩礼给了、酒席办了。传出去，就变成我换亲了。可后来，我也生气，我结婚时，我爹说给我买个立柜，

1　柯叉女儿：溺爱的称呼。

一百二十块钱，我嫂子不愿意，我哥也不吭声，如果我哥坚持住，肯定也行。当时我还是个小姑娘家，不会计较，可心里也多少有些伤心。那个年代，闺女说个婆家，送点彩礼，每年望夏走亲戚，送点东西来贴补家用，这是非常正常的事情。咱梁庄家里没人了，也就没啥盼头了。我现在也不打听我侄儿们过得咋样，同辈亲，二辈表，三辈都算了（liǎo），人家对你也没感情。现在我只一心盼着我这个家好。有时候，看着别人娘家人来给女哩出气，咱生个气也没人来，也可孤单。从小到大的朋友，也没啥来往。咋不念叨？多少时候做梦都梦见你，找你，去翻墙。想着我上穰县卫生局去见见你，心里就好了。成天在做你哩梦。小时候一起玩哩吵哩，多开心，笑多开心，确实是那种情况。小时候谁办的坏事，几十年之后才揭晓，大家都笑疯了。上次见月琴，说起她小时候把牛粪放到老师的鞋里面，笑得气都上不来，月琴直说，我小时候咋恁坏？九菊上高中时，咱家里都没自行车，就她一个人有，没铃没闸，碰住挨打，可咱们都想坐上，摇摇晃晃的，都吓得尖叫。有时候也想回梁庄，找个电话问问，找找她们，可也只是想想。

霞子妈对我们的理解非常不屑：“这样问有啥意思，嫁鸡随鸡，她到那个村里，就成那个村里的人，那里也是她家。这不很正常吗？咋了，非得认梁庄才行？你五奶奶家不在梁庄，你说在哪儿？她儿子孙子都在这儿，她能是哪儿的人？”

二姐说：

不是，我理解这个意思，不是说追究哪是家的问题，而是说，一个女孩子，怎样才算是她自己？这个感受我很深。大姐们那个年龄，都是六十岁左右的女性，那个时候打工还没有盛行，女性还能在新的村庄认识左邻右舍，对男方家庭有真正的了解。像我们这个年龄，五十岁左右，基本上就是一结婚就出门打工，对新村庄没有任何感情。在那个村里，肯定没有自己的位置，最多就是“××家媳妇”，而童年、少年时的那个村庄，也自然早就被遗忘了。真要是从女人角度讲，我这一辈子都没根没秧。婆家哩，咱不认识几个人，娘家哩，慢慢地没几个认识咱，小时候的玩伴大多数没影没踪，娘家、婆家都不是我的家。但在我自己心里，梁庄永远是我的家，哪怕回来没几个认识我。有时候想想，作为女人太悲凉了。死了埋在婆家不甘心，好像把我一个人扔在野地里，想埋在娘家，按传统习惯，绝对不可能哩。你说，我到底应该在哪儿？再说和我一个年龄段的，杜富妮，我们俩同岁，天天在一起玩，小学同班同学，后来一起考上高中，我们俩每天一起上学放学，好得像一个人一样。后来，我到另外一个地方上学，再回来，没见她了，她出嫁了。后来，我也出嫁了。生活稍微安定下来之后，我就回村里去找她，那时候她爹妈已经不在了，我问他们邻居，他们也不是很清楚，只说是嫁到十林街上了，据说是个修理铺，至于是啥修理铺，也不知道。我就沿着十林街去找，一直没找到，到现在还没找到。还有仙娥、仙香，都是去婆家，然后出门打工，几乎碰不到。还有韩家秀姑，上高中我俩最好，她家里条件好，人也长得好，从小都可美，嫁到内乡，后来我去找过她，她日子过得还不错。还有仙莲，你们都知道，外面传得可不好，说出去打工这样那样，其实谁见过，都是背后瞎议论。

“仙莲其实比你小，我俩是一个年龄段的。”霞子说，“仙莲、燕子、小玉、小勤、辉子，我们六个，年龄最接近，玩得最好。仙莲是前几年她侄儿结婚，她和闺女一起回来。早些年乱七八糟的，现在听说还不错，闺女大学毕业，找的工作和爱人都不错，她们又搬回郑州生活了。燕子，我们俩感情最最好，可是，从十几岁后我俩就没见过，听说她也在北京。快三十年了，都是听人们说这说那。小玉倒是回来了，爱人年龄可大，人们议论大得很，她回来也不咋停，我就在街上，她也从来不找我，要说也挺伤心的。小勤这些年我们见得多些，她出门打工，挣了钱，盖了房，这几年在家带孙儿，有时在街上能碰见。辉子，考上大学，分配到郑州工作，春节倒是见过几次，但也就几次，平时根本见不着。姑娘们一出嫁，都四散五裂，也回娘家，可是，时间碰不到一起，一辈子都不知能见几次。当年我们几个多好啊。”

大姐六十岁，二姐五十四岁，霞子五十，我又比霞子小几岁，我们几个女孩子刚好就是村庄的两代女性。

我想起我童年的玩伴。多子。顾名思义，多出来的丫头。她家门口有一个大平台，是我们那一片吃饭时的主要聚集地。多子母亲眼睛半瞎，父亲身体不好，两个姐姐都是十几岁便出嫁（这两个姐姐和我二姐差不多年龄，我们大家都没想起她们，我也是想起多子时，才想起她有两个姐姐。其中二姐在和丈夫闹离婚期间，又回到村庄住了很长时间，人们都说她出门打工后找别人了。我还记得她窄窄的脸和灼热明亮的眼睛）。多子没上过学，很小便成为家里的顶梁柱。她的骨骼极为粗壮，身板宽阔结实，神情郁郁寡欢，很少笑。我上学回来，先经过她家，一般是先在她家玩一会儿，然后再回家。说玩，也没什么玩的，她忙忙碌碌做饭，我跟前跟后瞎转。她妈坐在门口，听见有人过去的声音，就仰着脖子长声问候，她爹坐在屋子的最深处，吧嗒吧嗒，抽着长长的旱烟。夏天漫长的午后，我们在旁边的麦场上玩耍。她的筋斗翻得特别好，嚯嚯嚯，一连翻好几个，最后双手着地，头倒立，双脚稳稳地靠在麦秸垛上，我却像一只狗熊一样原地倒下。那一刻，她和任何一个无忧无虑的少女一样，指着我，又蹦又笑，一边又翻身打几个车轮，灵巧极了。再大一些，我到吴镇读初中，她仍在家干活，我们的交往就越来越少了。我初中毕业时，听到关于多子婚姻的一些传言。先是被人提亲给我们村会计的儿子，据说是会计看中了多子家的那处宅基地。多子不太同意这桩婚事，可没人听她的。多子的大伯做主替她收了彩礼。这期间，多子母亲和父亲相继去世，多子不愿嫁给会计儿子，又退不出彩礼，多子家的门就被封了。多子无家可归，去投奔了姐姐。最后，说了一个婆家，从姐姐家出嫁。我再也没见过多子，不知道她嫁到哪个村庄，过得怎样。她家的那处宅基地早已被一座新房取代，我甚至没有去问那座新房到底是谁家的。我现在唯一记得的，是多子紧抿着的、薄薄的嘴唇，和她在麦场上清脆的笑声。

英子。英子和我同岁，但因为上学晚，她和我妹妹在一个班级，她们俩成了好朋友。她的故事是我从妹妹那里听到的。英子十六岁就到北京打工，在那期间，认识了吴镇一个村庄的女孩。那个女孩很喜欢英子，那年春节回家，她把英子叫到自己家里玩，把自己的弟弟介绍给英子，希望英子答应。当天晚上，英子就住在那个女孩家里。半夜时候，那个弟弟摸到英子床上，强行和英子发生了关系，英子不敢吭声。第二天，英子匆匆回家。过完年又到北京打工，两个月之后，英子意识到自己怀孕了。她告诉了那家姐姐，姐姐说既然这样，那你们只有结婚了。于是，十九岁的英子和那个弟弟结婚了。没有婚礼，没有彩礼，一切都静悄悄的。英子和我妹妹讲时，并没有觉得这件事有多严重，只是感觉非常遗憾，自己一辈子连个婚礼也没有。她丈夫也不是坏人，虽然没有格外体贴她，但也没有因此轻视她。三十多岁时，英子哮喘严重，妹妹劝她回穰县治病。英子不回，说在北京做月嫂，一个月六千多元，她舍不得。一年之后，哮喘发展为肺脓肿，连呼吸都很困难，英子才勉强回来治病。如今，四十几岁的英子已经做了奶奶，她一个人在家照顾两个孙儿，种了将近十亩的地，丈夫、儿子、儿媳都在外打工。英子脸庞黑黑的，眼睛又大又黑，她的嘴角上扬，笑笑的，带着一丝娇俏，给人的感觉非常甜、非常亮。我印象中的英子是个爱撒娇的、很受人宠的小姑娘。妹妹说，别说有人宠了，有人能重视她一下，多关心她一下就不错了。

仙香。关于她，我只有小时候的记忆。我们一起玩过家家。躺在床上，身后放一块砖头，装作是生出的孩子。我俩头对头，围着砖头，认真地逗它笑，认真地抱起来，晃着它，让它睡觉。她结婚之后，我们在村庄见过一次。她穿着一件紫红的大衣，戴着新嫁娘的头饰，一家一家拜年。我不知道她嫁在哪一个村庄。

娥子。和多子是堂姐妹。我记得最清楚的是，有一年，娥子突然涂着口红，穿着束腰连衣裙跑到我家，说她父亲满村追着打她。她和多子一样，没上过学，但是，她父亲非常宠她。因此，娥子脸上总有不符合她年龄的娇憨和傻气。她出门打工，找了一个山里的男朋友，回来向父亲宣布，她要嫁到山里去。她父亲当即就拿着棍子，要把她的腿打断。胳膊当然扭不过大腿，娥子乖乖待在家里，被父亲以迅速而又果断的方式嫁了出去。我再也没见过她。

海平。学民的妹妹。我和她，以最痛苦的方式决裂，直到现在。上初中之后，我和霞子、菊秀、海平几个人，每天一起上学，一起放学，一起在菊秀家发呆、看月亮。我家和海平家是邻居。有一年，不知为什么事，我家和她家吵架，大人们相互指责、谩骂。我站在一旁哭，海平突然冲出来，张开手指，用指甲狠狠划我的胳膊，我愣在那里，看看她，又看看我胳膊上划过的血印。我不敢相信，她居然上来掐我，她掐我这件事所带来的伤害远远大于我胳膊上的伤。这件事过后，海平托霞子给我递了一封信。那封信非常厚。我看也不看就撕掉了。霞子说，海平很后悔，她不是有意的，她后来一直哭，你要是不和她说话，不原谅她，她会伤心死的。我没有原谅她。在那之后，我们真的不说话了。后来我上了中专，她上了高中，考上了一个医学方面的大专。据霞子给我讲，海平的母亲很喜欢干涉她们姊妹的生活。海平报考，她母亲找到海平的班主任，非让她报医学，但海平本人喜欢文学。海平结婚，她母亲找到单位，说那男的不行，非让海平退婚。对待学民、海平的妹妹海花，她母亲都用了同样的套路。学民、海花都以自己的方式反抗了母亲，海平性格懦弱，反抗不过。结婚后，生了孩子，海平和丈夫离了婚，自己辞职，学英语，准备出国。不知为何，国没出成，工作也没了。现在的海平，漂在西安。她和哥哥学民一样，从不回梁庄。

还有钱家的花子、平子，张家的小江、小果，等等，等等，一个个女孩子浮现在我面前。我一个个数给五奶奶、大姐她们听，回忆她们是谁家的姑娘，嫁到哪儿，过得怎样。其实，即使五奶奶这样村里资深的老人，也很难了解更多关于她们的信息。

“嫁出去的姑娘泼出去的水。从梁庄嫁出去，就不是梁庄人了。你们在那儿数啥，人家在那个村庄生活也挺好的，那才是人家的家。五奶奶，你说你现在还想你们王庄吗？它和你啥关系？”霞子妈质问大家。

“啥关系？”五奶奶摇摇头，“那你可不知道，农村有句话说，八十岁老太盼娘家。有几个意思，一是希望娘家兴旺发达，二是娘家过得好，有人给自己出气，有靠山。小清，你可能还不知道，前几天，你姑，今年有八十了吧？到你哥家哭，说她家老二媳妇不孝，天天骂她。之前，她家里有啥矛盾，都是回来找你爹商量，现在，你爹不在了，她回来找她侄儿。一见到她侄儿，就哭哩不行，像娃们看见爹妈。你想啊，女的一辈子多可怜。要是连个娘家都没有，那不更没根没秧了。就我们家，我两个哥、一个弟都死了，年前，你龙叔说去走亲戚，我侄儿说，既然老人不在了，咱们是同辈，就不走亲戚了。我听了，心里就气。不管咋说，我还在，是你亲姑，你那儿还是我娘家。现在，连亲戚都不让走了，那意思是不要我这姑了，我连个娘家都没了，你说我可怜不可怜。你龙叔比我还气，说了好几次。”

没根没秧。王庄不再是五奶奶的家，她二十岁以前的生命不再重要，她的少女时代，因为主体身份的丧失而化为虚空。

五奶奶，她的名字叫王仙芝；

霞子妈，她的名字叫赵秋艳；

曾在西安待过的二堂嫂，叫崔小花；

虎子老婆，叫王二玲；

那个撕掉张香叶小字报的韩家媳妇，叫李先敏；

……

霞子妈的堂屋

燕子：灿烂的光

在每一个村庄里面，都有不可言说的女孩。

那些女孩，或者因为漂亮，或者因为某种遭遇，或者因为行为超出了人们的理解力，而变成了灰色的存在。说起她们时，人们会互相看一眼，那一眼很深很深，好像那些女孩子就埋在那很深很深的后面，任其发酵、腐烂，最后被人遗忘。每一次提起，都是一次发酵，这发酵把女孩推向眼神的更深处。

在议论学民时，燕子再次被提起。于是，围绕燕子，大家又细细查漏补缺了一番。

梁燕，梁家一个老寡妇（我叫她义婶）抱养的女儿。她未出满月就被送过来，那时，义婶已经将近五十岁，义婶的儿子将近二十岁。燕子的亲生父母住在吴镇北边的一个村庄，父亲有工作，母亲在家。梁燕是那家第五个女儿。

长到十五六岁的燕子绽放出惊人的美。那时我才十来岁，对美刚刚有感受，敬畏、崇拜，还有一丝莫名的惊慌。我从来没有抬眼看过燕子，哪怕她从我身边走过。我只记得她的眼睛。那双眼睛有摄人的光辉，抬眼转动之间，整个世界都熠熠生辉，也把灰尘照得格外清晰，周边所有的人都成了丑小鸭，成了低到尘埃里的人。我并不清楚她的事情，甚至可以说，一点也不知道。那些只言片语的议论不但没有让我了解她，反而令一切更显得扑朔迷离。唯有一点可以肯定，燕子不守本分，招蜂引蝶，后来到外面去，不知道干了什么事，最后找了一个年龄很大、相貌又很丑的男人结了婚。

这次，大家谈到的是燕子和学民的事情。在经过各方拼凑之后，大致故事如下。

大学生学民，20 世纪 90 年代梁家少有的本科大学生，寒暑假从上海回来，一天到晚就待在他家后面的贤生家玩。燕子也经常去贤生家玩。燕子家和贤生家同一个爷爷，亲缘关系非常近，所以，大家都觉得这很正常，没有人注意到什么。但是，学民妈王贵枝察觉出来了。

学民回到上海，给燕子写了很多信。那时候，梁庄在外面的人，都是把信寄到梁庄小学，再由在学校教书的村里人转给大家。可是，燕子从来没接到过学民的一封信。下一个暑假，学民再次回来，两个人就不太正常了。现在回忆起来，有人看到他们俩单独在一起。有一天中午，×× 到贤生家借自行车，看到学民和燕子在贤生家的偏房里，就他俩，没旁人，一个坐在床边，一个站在地上。说这话的人信誓旦旦。

暑假刚开始没几天，学民就消失了。然后，燕子也消失了。接着，王贵枝也消失了。

三十年后，也就是 2020 年的暑假，此刻大家闲聊时，终于有人说出原委。

那年暑假，学民没在家待几天，就回了上海。随后，燕子也跟了去。至于燕子住在哪儿，没人知道。王贵枝早就看出端倪，学民说回学校，王贵枝就盯着燕子，发现燕子不在家。几天之后，王贵枝就也买了火车票到上海。有一个事实必须先说清楚，王贵枝不识字，在这之前，最远只到过穰县县城。

王贵枝到了上海，找到学民所在的学校，在那儿住了下来，住了三个月。据说天天到系里、院里和学校里闹，直到学民答应和燕子分手。至于燕子那段时间到底是不是在上海，是不是和学民在一起，没人知道。

总之，这件事情的结局是，梁庄里再没有学民的身影。没有人知道他在做什么工作，是否结婚，联系方式是什么。他和梁庄，基本上失联。有人问学民的电话，王贵枝从来都说不知道。

这是很少有的情况。尤其是，学民的父亲、母亲和四个弟弟妹妹一直都住在梁庄。

逐渐地，学民成了梁庄人的心病，他对梁庄的抛弃像一块石头一样压在大家心里。一提到他，大家都有莫名的愤怒：因为他，梁庄的寒酸、卑微被格外显现出来；因为他，梁庄变成一个被抛弃、被嫌弃的村庄。

在经过这样的拼凑，故事完整起来之后，大家心中对学民的怨恨似乎有所释然了。

但是，燕子呢？在这个故事里，燕子一点儿也不被重视，一点儿也不重要，她只是学民故事里的配角。人们感叹王贵枝的可怕，感叹学民因爱情而受的伤，欣喜于梁庄并没有被真正抛弃。但是，他们却一点儿也没想到燕子到底经历了什么，甚至，在提到燕子时，用的还是一以贯之的那种暧昧的、略带鄙夷的态度。

我思考这么多年来自己对燕子的情感，我感叹她的美，但也不知不觉接受了她在村庄的存在形象：一个不光彩的、道德上有问题的女孩子。

在村庄的几天，我并没有找到燕子的联系方式。燕子的寡母早已去世，哥哥十几年前搬到南阳生活，家里老宅基地被同村人买去。燕子在梁庄的痕迹，几乎被抹除干净。

可是，命运有时非常奇怪。

因为谈到燕子，我想起少年时代我身边的那些女孩子，村庄里的、初中的同学，她们的脸庞、笑容、神情，就像某种烙印一样，在我心中留下深刻的印记。环绕她们的是一圈圈明亮灿烂的光环，在那光环之中，她们仍活着，仍拥有少年时代的美丽。我突然有种强烈的愿望，想一一找到她们，想知道她们都在哪里，过得怎么样，现在是什么样子。

离我最近的美女是我的初中同学春静。她的姨妈嫁到梁庄，她在吴镇初中读书时每天中午回姨妈家吃饭，也算是半个梁庄女孩吧。初中三年，我们都是同班，但是，我似乎没和她说过一句话。一是她的年龄稍长一些，另外一个，实在是她太好看了。她和燕子的美不是一个类型，燕子是灵动、灿烂，春静身上则有一种雍容华贵、凛然不可侵犯的美。在她那里，仿佛一切事物都井然有序、不卑不亢。我隐约记得，有一次不知为什么，她到我的座位旁，拿起笔，写了两行字，我闻着她喷香的头发，看着她写出的好看至极的字，一句话也说不出。

在少年的我看来，她和我根本就不是一个世界的人。她，以及围绕在她身边的那些女孩们，她们脸上的神情我一点也不懂，但又无比向往。那种羞涩的、情窦初开的神情，我羡慕极了。直到今天，每当想起她们突然绯红的脸、开心的大笑和一张张拥有着年轻风华的脸庞时，我仍觉得那是世间最让人心动、最值得记忆的事情。

春静 2009 年左右来到北京，给一个靠卖玉发财的亲戚当柜台营业员。一个偶然的机缘，我们又联系上，但那已经是七八年前的事情了。

她的电话居然还没有变，也还是熟悉的低沉、略微沙哑的女中音。在聊天时，意外得知，她和燕子是最好的朋友，现在同在河北廊坊的一个小区里，她们一起买的房子。

就是这么简单。

当电话里传来燕子的声音，时间突然被拉近，三十年被压缩得无影无踪，好像昨天我们还在村庄一起玩耍。

当下约好，我回北京的第二天，她俩到我家玩。

北京的九月，雨总是来得及时。夜间开始下雨，清晨起来，雨仍没断线。九点半联系了一次，她们已经聚到春静家，准备出发。十一点再发微信时，春静说刚出地铁，正在物美超市买水果。我赶紧阻止，地铁离我家还有一段不远不近的距离，出租车肯定不会拉，她们得走着过来。而且，雨似乎越下越大了。

我站在小区门口等她们。其间，她们打电话说还在试图打出租车，燕子穿的是高跟鞋，脚指头都被磨破，出血了。

细雨之中，远远地，两个身穿长裙的女孩子走过来。春静的长发束在后面，穿一身黑底白花的束腰连衣裙，戴一只碧绿透明的翠玉吊坠，脚下是一双软底小皮鞋；燕子，利落的短发，一身耀眼的玫红条纹连衣裙，脚下穿的同色系高跟鞋，脖子上戴鲜黄亮丽的蜜蜡吊坠，方形的，足有几十克重。

她们从雨中走过来，真是极美的风景。

我们打着招呼，开心地大笑着，拥抱在一起。

春静说："燕子非要穿高跟鞋，我说坐地铁要走路，她偏不听。你看她，脚都沾不了地。"

燕子笑着说："我几十年没见我妹妹了，我非得穿漂亮一点，就是血流满地，我也得走过来。再说，我这是搭配，知道不知道？我闺女亲自给我挑的。"

燕子开朗极了，说话直率可爱，脸庞虽然有明显的岁月痕迹，可眼睛还是那么明亮，脸庞秀丽之极。依然很美。

自然而然地，我们聊起梁庄和梁庄里的人，聊起燕子当年在村里引起的波澜和别人对她的议论。燕子一点也不回避，反而主动谈起很多事情。我说我想写下村里女孩子的事情，燕子非常兴奋，说好啊，咱们女孩子太不容易了。我说，那你的故事我可能要写到书里去。燕子说写吧写吧，也得有人给我申冤不是？

风流是啥含义？是拉过手，还是接过吻了？咱真是啥也没做过。

我是抱养的。这一点我不避讳，又不丢人不咋的。抱来时我还没出满月，小得很，脸也小，气都出不匀，都说我活不成。那时候没奶粉，我妈拿喝水的茶缸给我煮米汤喝。那是咱们村里会计到湖北带回来的米，可稀罕，我妈去求的，见天煮一点点，让我喝。后来慢慢长，你知道我家房旁边有个坑塘，我在那儿一晃一晃学走路，人们都说要小心看着，别晃着晃着栽水里了。

谁知道咱还算天资聪慧，小学毕业，还考上吴镇初中了。我六岁上学，没上过幼儿园，上初中时，才虚岁十二岁。到初中二年级，就开始有人追我。你说，虚岁十三岁，懂得啥？那时候农村也封闭得很，没电视没闲书看，可以说连男女区别都不太清楚。当时，我最直觉的反应就是嫌丢人，恶心。

可以说，那些追我的男人把我的一生给毁了。到现在为止，我都没谈过恋爱，没和任何人谈过恋爱。和我现在的老公，那也是想着赶紧结婚算了。这也不是说追我的人有多坏，也都不是坏人，可是，对我来说，就是把我毁了，这样说，一点也不为过。

那时候我多喜欢读书啊，我到吴镇上初中，一开始我多高兴啊。从咱们梁庄到吴镇，一天走几个来回，一二十里地，我根本不知道累。可是，后来，每天是还没到校门口，我就开始害怕。

刚才春静说到王子河，她最清楚，那时候，春静在咱们村她姨家吃饭，见天我俩一起放学、上学。王子河追我都快疯了，他追疯了，我是吓疯了。

他老在咱们回家的路上候着我，在吴镇街北头，我就改变路线，走河坡下面的小路，从草窠子里面穿过去，从村后面上去。只要听说他在梁庄路上，我就吓得家不敢回，饭不敢吃，就是怕，觉得丢人。

你知道他追到啥程度，我早晨五点多起来上早学，看见我家院子里的那个铁丝上搭着一件上衣，地上还有一双皮鞋。王子河喝醉酒了，跑到我家，睡到院子里，睡睡自己又走了，走时连衣服鞋子都没穿。白天，我上课，他就站在教室外面；我上晚自习，他站到教室后面，跟着我，我从哪儿过，他胳膊就搭在哪儿挡住，说你非得跟我到哪儿哪儿去，不然不让你过。

还有好几次，也把我吓疯了。你知道，咱们那时候初中都上晚自习，晚上八点多往家赶，吴镇街北头的狗，还有那个坟场，真是吓死人了。咱们一般都是结伴回家。可有时候老师拖堂，就是不下课，别的班早放学了，伙伴们也走了，就剩我一个人了。我的天哪，一走到街北头回民公墓那儿，路两旁的杨树叶子哗啦啦响，吓得魂都飞了。秋天落个树叶，扑嗒扑嗒，吓得要死。你想想，一个十二三岁的小姑娘，黑天黑地，也没个手电筒。这时候，王子河突然出来，跟在我后面，我看见他时，天哪，你都无法想象我害怕成啥样了。不是小说里描述的场景，啥白马王子，那时候他在我眼里就是恶势力。我到现在还不敢走夜路，总觉得后面有人追我。

后来，我同桌一个姑娘，她上过高中又下来上初中，年龄比我大，懂一些事情。她对我说，你愿不愿意，去和他说个实话，不然，他老骚扰你。我想也是，她就和我一起去了。那时候，王子河已经上班了。结果，那个女孩子把我送到那儿，自己跑了，说让我们自己谈。后来她说她也是害怕。那个女孩一走，王子河"啪"一下跪到地下，哭起来，说喜欢我，要等着我，非要和我结婚，我吓得浑身抖，不知道咋办。我抓住他衣裳，说你赶紧起来。趁他起来时，我转身起来跑了。跑啊跑，学校也不敢去了，一直跑回家，快把我吓破胆了。

我不喜欢他。那时候也没有喜欢不喜欢的概念，就觉得他是耍流氓。他人再好，我都没概念。王子河那个人确实不错，长大之后想想，长哩也好，人品也不错，可我那时候才十三四岁，十三四岁，啥也不懂，他那个追劲儿直接把我吓倒了，把我对感情的感觉也破坏了。他们觉得那是真爱的表现，但对我来说，那就是骚扰，实实在在的骚扰。要不是，我现在也应该像清妹一样，坐办公室，吃国家饭，不至于天天起五更爬半夜卖菜为生。

这可说回咱们村里人的事儿。那真是一点儿事也没有。

你说，按辈分，学民得叫我一声姑奶奶，那咋可能？他是写了可多信给我，我连一封都没见。人家他妈王贵枝早就交代过了，信拦住，直接交给她了。学民心里怪我，说我不回信，我根本都不知道。

那时候没表白之说，都憨得要死，就是看你在哪儿，他也往哪儿去，你去哪儿，他去哪儿。我在院里写作业，学民老是去找我，看我作业写得不好还给我说，也都好在贤生家玩。可是，我根本都不会往那儿想，我就想着，我是他姑奶，这是我心里的真实想法。王贵枝后来去没去上海，我不清楚，是不是为我去的，我更不清楚。最可能的是，学民和他妈王贵枝说了，要和我好，王贵枝不愿意，就到上海看着他、闹他。学民肯定是妥协了，因为后来他并没找过我。

但从始至终，这件事和我关系不大，至多，就是当年在村里，大家一起玩得比较好。人们后来回忆起来，觉得我俩有啥，其实，就是少男少女那点事儿。

其实啊，还不止王子河，还有一个大人物，一说你们肯定都知道，在吴镇是绝对名人。这是我第一次说出来。就是咱们吴镇派出所所长。知道是谁了吧？他早已经结婚了，我上初二，刚满十三岁。他自己找我，也让别人捎信，约我上哪儿上哪儿，我从来不去，还让人给我带纸条，约我见面。你想啊，他就是个老天爷，长哩再好、再帅，我才十三岁。他说，只要你愿意，我等你长大。

你想想，他是当官的，还是警察，小时候咱们看见警察就像看见天神一样，害怕都来不及。我十二三岁，一个学生，老农民的孩子，真是啥也不懂，又不敢给别人说。那时候我就只是害怕，怕死了，真是生不如死啊。

他到处打听我。有一次，他让班里老师把我叫到派出所，你想想，那是啥后果，我在老师心里都成啥样了？不是我离开吴镇后就不想再回去，真是不想再看见以前那些人。我去了，肯定得去了，你想，派出所有人找你，谁敢不去？我去了，他对我说，我和我老婆关系不好，肯定会离婚，你一定等着我。我始终都不敢抬头看他，也不敢说话，他等着我回答他，我不知道咋回答他。

就这，也纠缠了两三年。我后来又到烟仓上班，他还假借检查名义去找我。不过，虽然经常后怕，但我甚至感谢他，他从始至终，一直没强迫我，也不像王子河那样，死缠烂打，弄得满城风雨。我上初二时留了一级，没有学籍卡，他不知道打哪儿听说了，还跑着帮我办了学籍。

还有其他一些男哩，成天像苍蝇一样，围着我乱飞。王子河追我，隔几天就去找我，派出所所长也时不时出现。我受不了了，回家跟我妈说，我不上了。我妈说，闺女，你学习也不错，能考上学你就脱离这儿。我说我不上了，我不想再踏进吴镇一步。后来，我妈把我转到武村中学，那儿有个亲戚，离梁庄有快十里地。我每天早上去，晚上回来，鞋都跑烂了，就那，心里怪高兴。我喜欢学习。可是，还没上一个月，王子河听说了，又跑到武村找我了。

王子河带着几个朋友，穿得可好，当时他都工作了，家里条件也好，骑着崭新的二八自行车，从村里穿过去，可轰动，人们都跑到学校来看。校长到班里去叫我时，我感觉自己头都抬不起来，只想找个地缝钻下去。可是没处逃啊，我感觉自己是跑哪儿都逃不出如来佛的手心。

我抱着书回家，说啥也不上学了。可也不想待在家里。我外婆，那个恶老婆儿，一直住在我们家，不知道为啥，她不稀罕我，光稀罕我大哥。她骂我，还打我，说你这个骚女子，出去光勾引人。我气得浑身发抖，哭得不行。我家后面一个嫂子说，不怨燕子，燕子长得好看，就是披个破麻袋，追的人还得排成队。我可感谢这个嫂子。确实是，咱不是个风流女子，如果咱真是风流，也没啥可说的。他们谁约我，我都没出去过。就是所长恁怕人，约我，我也不去。

大一点，开始慢慢懂一些感情上的东西。但是，更讨厌那些追我的人了，他们天天围着我，我根本都没机会去喜欢谁，根本没法去谈个恋爱啥的。和我现在的老公在一起，就是图他是个老实人，没有花言巧语。

我在梁庄家里待了有一年，十六岁了。那时候人们已经开始出门打工了。我就琢磨着出门。

就在1989年，我和韩家小平商量，到北京看看。我妈肯定不让我去，她觉得一个女孩子，咋能跑恁远。我就趁出去干活时，把我的衣服装到篮子里，一点点运到小平家。

一天早晨，我和小平偷偷走了。我给我妈留了一封信。我们是和咱们村里钱家父子俩一起走的，他们说要去北京打工，我和小平就求人家，让人家带我们一起去。

我们一起到吴镇，在吴镇坐中巴去穰县火车站。小平年龄大些，那时候已经有男朋友了。她男朋友听说了，就一路追她，直追到穰县火车站，车快开的时候，赶到了，把小平抓了回去。

就剩下我，我肯定不会回，就和钱家父子一起坐火车走了。后来，我才知道，村里人们传着说，我和他们一起跑了，私奔了。妈天爷啊，咋会那样想呢？我们到北京就分开了，他们不管我，我自己不知道咋找的，找到劳务市场。

可顺利，当天就有人雇我，说是让当营业员，在阿迪达斯（Adidas）店，我第一次听说这个名字，根本不知道是啥，可傻。我就住在老板家里，就在后海一个四合院里，我记得可清，（那四合院有）一个月亮门。我后来又回北京，专门去看，那个月亮门还在，主人已经换了。他们家开服装店和眼镜店，生意可好。说出来你们不相信，那个时候我一个月挣三千八百块。那是啥概念啊，简直是天文数字。但我不稀罕那个钱，我在那儿待着主要是想学磨镜片，我想学一门手艺。干了几个月，老板怀疑另外一个营业员贪污，老找人家事，还扣工资，我觉得他其实是想少发给人家钱，我就看不惯了，觉得老板太过分，我就不干了。那时候小，见不得人们歪门邪道。又回到劳务市场。这次是找了一家饭店，可受着罪了。卖泸州火烧。每天要和几大盆子面，和完醒好，还要再一个个揉，每天干到夜里十二点，早晨五点多就起床，一个月管吃管住三千块。好像那时候干服务员工资比后来还高些，后来农村人来太多了，工资又降下来了。我在那儿干了半年，实在太累了，都瘦脱形了。我说要走，老板不让走，他不给我发工资。他就是想拖着我，让我给他干活。后来，我就说家里有事，让他先借我一点钱，我的衣服、行李啥也没拿，就回梁庄了。到现在，他还欠我三个月工钱。

回梁庄也待不下去。我外婆对我态度更差，我哥也结婚了，我就回我亲妈家。我妈一见我，抱住我就哭，说对不住我。

我亲爹把我安排在烟仓当临时工，这才遇到现在我这老公。

是咋遇到我老公的？我当时在吴镇烟仓上班。我亲生父亲给我找的工作，这中间经历的恁些事，我亲爹看我没地儿去，就让我去吴镇烟仓，做临时工，那时候，烟仓生意好得很，当临时工也很挣钱。我从小就有生意头脑，当时我穿的呢子大衣、二八自行车，都是我自己挣钱买的。

说回我老公。当时有人给他说，你看这个女子长恁好，把她说给你吧。当时，他在贯桥烟仓上班，是正式工，没事经常回吴镇。他爹妈都不在了，他两个姐姐帮他找的工作。别看他那么年轻，大字不识一个。他觉得他根本配不上我。当时别人把他往我这儿提亲，我都当笑话听。咋可能？他长哩也不好，不识字，又离过婚，我当时在吴镇，咋说也算是有名的好看姑娘，俩人根本都不是一条线上的。

所以，我和他结婚时，我亲爹说你要是和他结婚，我和你断亲。我爹是想不通啊，我长得好，这是从梁庄到吴镇公认的，我又没结过婚，他没爹没妈，还是二婚，我凭啥和他结婚。

你们知道为啥我最后同意了？有一回他来找我，走的时候，他哭了。我老公给我说了实话，他说他为办之前那个婚礼，前前后后欠了很多钱，他说我要是不愿意和他好，他很理解。我一听，反而感动得不行。觉得他很诚实，很稳重，不说大话，也不说啥好听话，特别好。我最讨厌那些好听话，可能恁些年听太多了，根本没感觉了，这实实在在的话一出来，觉得特别踏实。

还有一个，我当时也是有和大家赌气的心理。说起来，我其实很傻，我是从北京回来后，才隐约知道我名声不好。我也气，我的生活都被别人毁了，结果，人们都说我不好。我在北京拼命干活、挣钱，连天安门都没逛过，回来人们拿另外一种眼神看我。我也不甘啊。我就找个老实人，从头开始，让大家看看我燕子是啥人。不过，那时候也确实乱，当年咱们村里，还有周边村里，多少女孩子，出了多少事，那真是太惨了。

我和我老公结婚后，我们一起还他欠的债，还了好几年才还清。你说他为啥一辈子对我好，这是有原因的。

闺女四五岁时，烟仓就不行了，穰县烤厂也不行了。我老公基本处于半下岗状态，我就到魏集街上开批发部，开了有十来年。拼命干，总共赚十来万，但外面欠我七八万，欠账欠得厉害，根本干不成。

2005 年，农历十一月十五，我又来北京，开始卖菜，一个半月，挣了八千块钱。我高兴得不得了，就想着，以后我就干这个了。

在北京干了一年多，2007 年年底，我提着一包现金，三十多万，回穰县买房。说实话，我一开始是想上南阳买，不想在吴镇买。你知道，咱在家里风言风语太多，那是我的伤心地，不想再回去了。后来，还是春静劝我，说咱同学都在穰县那个小区买，到时同学们在一起还挺开心，你在南阳，离得又远了。我这才在穰县买的房子。

李明江，你别看他骚扰春静，人也不怎么样。可是，我不上学后，他给我写了一封信，我特别感动，一直记到现在。可能也是因为他知道我和春静好。他说，你那么聪明，你应该上学，不上学就丧德。

一想起来这封信，我就想喝酒，喝醉。哈哈，春静又看我了。我就这一个毛病，每天晚上要喝点儿。这都十几年了，我也不改了。春静说你女婿都有了，让人家看见多不好。我说越要这样，我才不装。

春静

我真是没谈过恋爱。你看，连你们都不信。这是真的。燕子最清楚。李明江缠我都快把我缠死了，我根本都来不及想别的。

李明江在大城市待过，具体哪个不知道，好像是郑州还是西安，他哥在那儿，他就去那里打工。结果啥也干不成，他哥就把他又送回来，让他上学。其实也是混着，就插到咱们班，坐在最后面。他根本不学习，成天像个莽汉一样，还觉得自己见过世面，说话很狂。他这个人本性不好，不像王子河，本性还是不错的。

他天天不学习，就坐在后面盯着我，我在前面坐着，就感觉后面有把利剑一样，紧张得不行，生怕他正上课站起来，跑到我这儿。太可怕了。再不就是给我写信，叠成飞机、鸽子样的，那时候兴那样叠，让他死党捎给我。我根本不看，直接扔了，他就在教室拦我，塞到我手里，我接住也不看，扔到地上。后来，他不叠了，拦住我，把纸放我眼前，让我看，或者大声给我读。具体写的什么忘了，反正都是永远对你好之类的。我又害怕，又恶心，浑身抖得不行，不知道咋办。星期天时候，我回家，他也跑到我家里，当着我爹我妈的面说喜欢我。

我想着他有些魔怔了，就找了一些同学，男同学女同学都有，让他们劝他，根本劝不住。

那时我借住在乡政府的一间房子里。每次月经来，都疼得死去活来。有一次，我疼得实在是动不了，就没去上学。李明江看我没去，就找来了，还买了可多东西，我叫他走，他也不走。我吓死了，趁他不注意，赶快跑到乡政府的大门口，刚好放学，我喊和我要好的女同学，让她们来把他劝走。

我坚决不同意和他交往。那时候觉得谈恋爱可丢人，再加上那样一个难看的莽汉天天缠着我，我觉得都没法活了，每天往学校走都害怕得不行。我真是看见他都害怕，眼多大，头发多长，给人感觉很脏，就是现在人们说的那种非主流，文人、艺术家好弄那种。那时候也不懂，只感觉恶心。

整个初中二年级和三年级，他一直纠缠我。最严重的一次，他把自己指头割破，写了封血书给我。我直接回家了，我给我爹说，我不敢上学了，那个人要是不走，我就不去上学。我爹跑到学校，找校长，校长把他叫去批评了一番，可好不了几天，他就又缠着我。

我到现在都不知道他具体的样子，从来没正视过他，只觉得他浑身脏，很恶心。

我爹也没法子，就把我转到吴镇一初中上学。一初中当时是新建的，可难进去，大门管得严，他去找我少了，我稍微放心一些。

有一天夜里，晚自习放学，我和一个小伙伴在路上走，他不知道从哪儿窜出来，拦住我，说，今天非得让我亲一下，不亲不让你走，我是真心喜欢你。妈啊，小伙伴也吓坏了，拉上我拼命跑。那时候，李明江是真耍流氓了，再这样下去，不知道他会干出些啥事。

你都知道，我书法好，得过书法奖，作文也得过奖，要是好好学的话，上高中肯定是没问题。

后来，我爹看这不行，就问我，你看你情况，要是继续上学的话，能考上学不，要是考不上，穰县棉纺厂正招工，我给你跑招工。

那时候，穰县棉纺厂刚办，是穰县一件大事，多少人想去，那些当官做生意的，都想让家里的姑娘去，没有关系还去不了。我想着，就那种情况，我肯定考不上学，我自己本来就偏科，再加上成天想着躲那个人，肯定不行。我就给我爹说，那我去棉纺厂吧。

（进棉纺厂）也是一关关考，几千人报名，收四百人，我也考过了。这在当时还算不错的出路。我爹费了好大劲儿，找了很多关系，就这，好长时间，户口还是农村户口，农转非那时候难死了。

我就去上班了。现在想想，要说后悔吧，也不后悔，我偏科，就是没那个人，我可能也考不上，可是最起码，我不会过恁艰难。你看，连你都觉得我天天谈恋爱，所有人都觉得我在谈恋爱，实际上我连男孩子的手都没拉过。现在想想，当时我对我前桌一个男孩有好感，我现在还记得他的名字，人家白白净净的，对我应该也有好感。可是，那个人缠得我，根本没想过自己的感情。

当时确实有很多人追我。有一个男孩，长得像草墩南瓜一样，不好看，我背地里也取笑过人家，不过，说不行后，人家也不缠我。我的桌子下面经常有情书，我经常是看都不看。那时候，打心眼里觉得谈恋爱丢人。

我和老许其实是别人介绍的。你说得没错，初三咱们都是同班，不过，当时他没追我，他喜欢的是另外一个女孩子。当时他爹是乡党委书记，也算是一方“诸侯”。

后来是别人介绍（我俩认识）。那时我已经在棉纺厂上班了，我从城里回来相亲，他一见我就喜欢上我，可能之前俩人谁也没在意谁。我对他也有感觉。要说里面完全没掺杂世俗原因，也不可能。他爹是乡党委书记，我爹是村支书，他在粮管所上班，当时是最好的单位，我在棉纺厂上班，还是农村户口，中间有差距。可是，我这个人傲气得很，我真是觉得一切都很正常。但是，不管咋样，当时确实是对他本人有感觉，我才同意接触。

结婚也有小波折。那时候我还是农村户口，农转非还没办好，老许是全民工[1]。有一次，他妈见到我妈就带着讽刺的口气问，你闺女的户口啥时候办好啊？我妈生气了，回来给我说，不要去见老许。从生活层面讲，老许他妈不满意我，我理解，那时候，农村户口和商品粮户口[2]差别太大了，相当于一个高干子弟找了个农民姑娘。可是，我也有自尊。我就一个月不去见他，他到厂门口找我，让门卫捎话进去，我也不理他。他像疯了一样，天天去厂外边等我，逼他爹妈，说我这辈子就她了，你就是再给我找个天仙我也不

1　全民工：计划经济时期在全民所有制企业有劳动关系的人，属无固定期合同员工。

2　商品粮户口：指非农业户口，如国家干部、国营单位职工、公办教师，由国家每月发放粮票。

愿意，我就要春静。

他感动住我了，我们就又和好了。当时，他在吴镇，我在城里，他找我不方便，棉纺厂工作也一般，他就鼓动他爸，把我从棉纺厂调回吴镇供销社。其实，当时供销社也已经不行了，但不行到什么地步，谁也看不清。我这个人前半生就是倒霉，没遇见过好事，到哪儿哪不行。要说他对我真好。他每星期去看我，给我买当时最时髦的西服、高跟鞋、裙子，为我，也算倾其所有。我不会打算盘，他手把手教我。我也是真心爱他。

那个李明江听说我有男朋友，还拦住我，逼着我和男朋友分手，再不然，就让我把男朋友带过去，让他看看。后来，听说是乡党委书记的儿子，也就不了了之。老许也算给我庇护了。

老许喝酒我一直知道。那时候他在粮管所，下去收粮食，天天喝，经常醉醺醺地找我。那时候也傻，觉得男人都是这样的，应酬嘛，很正常。我根本没想到他喝完酒是那样子。他平时说话声音都很低，可温柔。

结完婚，住到一起，我的苦日子来了。

老许喝完酒，回家就打我。脸上、身上，哪儿都打，不让你睡觉，不停地折磨你。那时候，我们还和他爸妈住一起，经常是早晨起来，脸都是肿的，他妈都能看见。我不知道他妈是不是早就知道自己儿子有这个毛病，他妈从来没和我说过。后来，打得厉害时，他妈也急得给他下跪，说别打了，再打把人给打坏了。他管不住自己。

他一般是晚上喝酒打人，早晨起来就给我道歉，说自己错了，忘了自己干的啥了，让我原谅他。我要是不理他，他就跟前跟后，像个小狗一样缠着你。

我现在是真想不起来他具体怎样打的我。这么多年，我都选择遗忘。我念经信佛，也是为了忘掉，实在太痛苦了。反正我家的手电筒被砸坏过很多个，我身上、头上，都有他留下的疤。现在还有。

我也回过娘家。有一次，打哩实在太狠了，我整个脸都肿了，身上被拧得掐得青一块紫一块，真是没法说。我说我不过了，就回娘家了。他像疯了一样找我，我藏在我一个同学家，不见他。有十来天时间，他班也不上，见天早上去我家。后来，他妈他爸也来我家，还提着礼物，给我道歉。我妈就说，算了吧，也差不多了，你看人家爹妈都来了，赶紧回去吧。我妈心里根本都没想着让我离婚，在她和我爹的观念里，包括在我的观念里，都没想着离婚，也只是嘴上说说。那时候人们离婚少得很，都觉得丢人。我回娘家的十来天，他喝得更厉害了。回来了接着打。他不是人坏，他是控制不住。

打我最狠哩一次？说不上来是哪次，反正是每天晚上都想死。有很多年，我都觉得我活不过他，我肯定会死在他前头。他喝死自己难，把我打死很容易。

有一次，他把家里的摩托车借给我一个亲戚，说好那天晚上就还回来，结果，我亲戚晚上没还。他晚上喝酒回来，喝醉了，一问说摩托车没还，就生气了。你不知道他其实小气得很，很在意东西。我当时刚生完孩子，高压锅里炖的肉汤，他端起高压锅就往墙上摔，锅像炸弹一样，“咚”的一声炸了，连邻居都听见了，第二天问我是咋回事了。摔完后，又跑过去，拎起锅往床上扔，我赶紧拿身体护住娃，锅砸到了我身上。你想想，一个高压锅，砸到身上，锅还是热的，幸亏他先把锅扔到墙上，汤已经洒完了，不然，都不敢想……

那天晚上刑都用尽了。真是没法讲。

还有一次他发酒疯，是他借给别人钱，他不去要，让我去要。我也是个脸皮薄的，要不来，他就说我不会说话，说我没用处，折磨我一整夜。第二天天亮，我人整个都晕了，完全不知道自己在哪儿，像是死过去一样。

大约是在 1994 年吧，我从吴镇供销社调到裴营供销社卖化肥，那时候整个供销社系统已经不行了，大部分都是自己承包。我因为去得晚，好的供销点已经被别人占住了，只好到裴营。老许也从吴镇粮管所调到裴营粮管所。我们去的时候，裴营供销社的上一家男主人刚死不到一个月。我们那时候啥也不信，可胆大，就直接住在人家屋里，睡的也是那个人死在上面的那张床。可邪气，不到一个月，老许骑摩托车摔断腿，娃儿也莫名其妙出不来气，死过去半小时。

在那儿待了两年，生意不行，我就搬回娘家上南村那边。离村二里地远，有三间空房，我租了下来，卖化肥农药种子，开超市，卖各种百货。那时候，粮管所也不行了，老许就过来帮我。

在上南村也干了有三年多，生意非常好，每天忙得停不下。老许不干活，光喝酒，喝完还骂骂咧咧。晚上打我，好扇我脸，脸都打肿了，我还不敢躲，躲了打得更狠。还折磨我和孩子，让我给他按摩、抓痒，要是我不去，就喊孩子，把孩子也折磨够呛。现在想着，也不知是不是男的喝完酒有冲动，可又不行，所以生气、发泄。那时候他年龄也不大，不到三十岁。

后来，我就不躲了，打，你打吧，打够了累了赶紧睡觉，我还得接着干活。那时候离娘家近，生怕闹出啥动静让我妈知道。其实，我妈啥都知道，她知道我苦。

要说为啥不离婚，也还是有感情。老许不喝酒时人好得很，心善。我爹生病在医院，把家里仅有的一千五百元拿去给我爹，我在医院伺候我爹，他一个人在家带孩子几个月，咋带的不知道，反正也没出事。这一点，也感动住我了。他到我家，不喊妈不张嘴说话，一声声妈喊得可亲。他从心底深处是爱我的，但是，就是这个喝酒。他打我打得狠时，我也离开过他，总是不到一个月，我就又想着他，怕他受罪，也怕俩娃受罪。后来，我就不走了，打吧，打完气出了，接着过。我就想着，权当自己又养个孩子，养着他。

咱们那儿有段时间可乱，到处都有抢劫的。有一天半夜，几个人闯进来，那也是老许喝酒回来，门没锁，人家一推就进来。他们拿刀架着老许，四处翻东西、砸东西，一边骂着说，快把钱拿出来。老许吓得浑身像一摊泥一样，瘫到地上不能动了。老许都那样了，我只好冲到前面。我对那几个人说，我确实没钱了，钱我今儿全拉化肥了，不信，你看，这是票据。我那天也确实是把家里的钱凑凑拉了一车化肥。我又说，我弟弟也是干这一行的，谁也不说谁，你们把东西全拿走，只要别伤我们娘们的性命。我说弟弟也干这一行，是假话，其实就是想和人家套近乎，我就想着，只要不伤我们娘们的性命，东西你们都拿走。他们看了看票据，日期是真的，又翻柜台，翻我屋里的箱子柜子，确实啥也没有，就拿了十几条好烟走了。

那次吓住我了。我这才意识到，我们是在前不着村后不着店的地方，真有人抢你、杀你喊个救命，人都听不见，老许完全指望不住。是真不敢再开了。我听说我姨家表妹在天津开拉面馆，生意很好，就想着，不行了我也出去，一是看能不能赚点钱供孩子上学，二是在家门口太多人议论，人们都知道老许是醉汉子，还打我，我不能再丢娘家的人。还有就是，我挣的那点钱还不够他出去喝的，也不够他瞎折腾。那时候时兴自己收粮食赚差价。他是粮管所出来的，干这个肯定没问题，我就凑了一笔钱，让他下去收粮食，找一个伙计帮忙。结果，他天天忙喝酒，也不管账，那个人掌秤，和卖家勾结，虚报瞒报，一出粮，算下来，竟然赔了好几万。一九九几年，那是啥概念，倾家荡产。我把吴镇的房子卖了，把钱还了。那房子要是留到现在，得值一百万，要是真还在，我也不至于这么难了。

我挣着，他赔着喝着，成天在从头开始呢。

不离婚，有感情的成分，离不掉也是真的，左右都是名声。我爹我妈、他爹他妈，都是咱镇上有头有脸的人，他们都顾脸气。一个女人家，娃子都有了，抱了孩子你能上哪儿。再说，他也不和你离。

从我们结婚到他死，十九年，一直都这样。我也曾经反击过，最后都失败了。

我把上南村的店盘出去，1997 年冬天，我和老许到天津，跟着表妹，在拉面馆当学徒，学做拉面。

我是兢兢业业干活，认认真真学，最后，面会和了、会拉了，料也会调了，还能做大盘鸡啥的。老许是半途而废，他喝酒总误事，不是醉着，就是找不到人，表妹和表妹夫不敢让他负责，半年过去，他基本上啥也没学会。半年后，我在一个监狱旁开了个店，还请了两个人，也是夫妻俩。本来小拉面馆，都是夫妻店，可是他指不上，我就想着，哪怕少赚点，只要能维持下去就行。他还是每天喝酒，喝完酒还老说人家夫妻俩，人家很不高兴，就对我说，要不是看在你面上，看你可怜，我们根本不在你这儿干。在那儿干几年，赚是也赚了，还不够他喝酒钱，一直弄不到趟上。后来房东把我们撵走了，房东说，我不想看见你们俩，一个男人叫一个女人受这么大的罪，太坏了。我们就又换个地方，没几天，他的腿又摔断了，也是喝完酒在路上摔的。我只好一个人干，这时早就请不起人了。干了几个月，我腰（椎）间盘突出，疼得腰都直不起来，我半弯着腰给人拉面，真是把罪受完了。他躺在我们住的地下室里，就这，还拄着拐杖偷偷出去买酒喝。

那时候他应该是已经快不行了。一个懂医的亲戚来天津看我们，一看到他，说赶紧回家吧，眼看不行了。他的脸已经泛土色了，蜡黄蜡黄的。我赶紧关店，回穰县住到中心医院。一检查，是真菌性脑炎，已经很严重了。我这才知道，他经常抽搐是这原因，我一直想着是他喝醉酒的反应。医生说，你们在医院住着也没啥用，回家去吧。我看他整个人抽得难受，想着无论如何也得救他，就坚持不走，一直住在医院里。两个月后，他就走了。走之前那一个月，连一句完整话都没说出来过。

埋了他之后，我回天津收拾东西，回到我们住的地下室，掀开被子一看，被子下面都是霉菌，可能就是这些霉菌侵袭了他。我也住在那里面，可是我晚上很晚回去，早上很早就出去，一天不回来，能晒到太阳。他是天天不出门，喝了酒就回去睡觉，腿断了后，更是一天到晚躺在地下室里，不生病才怪呢。

我不想在天津干了，也不想回老家。有个亲戚在北京做玉，我一直喜欢玉，喜欢那种感觉，能得到安慰，我就来北京了。孩子已经上初中了，在学校寄宿。

到北京也天天想着挣钱，寄回去让孩子上学，孩子再大些，想着给孩子买房，操心他们结婚、生孩子，也是没个头。不过现在可好，我们在廊坊那儿算是有了两套房，孩子们都可好，我也是有外孙里孙的人了。

感觉自己活脱了几层皮才活到现在。我现在是一心向佛，吃素，从不杀生，感觉自己平静很多，很多事情也想开了。我很少回忆过去的事。我真是把它们都忘了。

我建议以后大家不要吃螃蟹，真的不好。中午你们吃，我都在心里默默念经，替你们赎罪。

春静讲的时候，燕子一直感叹："天哪，咱俩好这些年，你都不和我说，你受恁大的罪，怪不得你现在信佛。"

春静说："一般都不想讲，时间长了，就当自己忘了。"

"那也只是当自己忘了。"燕子心直口快。

燕子觉得春静信佛挺好，但不认同她说自己遭这么大的罪是因为前世欠别人的："咱们欠谁了？谁都有权利好好活。那是个坏人，就是个坏人。打你恁些年，是个啥人也会被打坏的。"

当春静强调"我还爱他，离不开他"时，燕子也是满脸的不赞同："啥爱？说穿了不就是没处逃？当年你们结婚肯定也是很轰动，吴镇一把手的儿子，长得也不算差，叫谁谁都羡慕。说是你爹你妈、他爹他妈要脸气，其实是你也要脸气，不想输给别人看，结果，自己遭恁大的罪。要是我的性格，早就打起来，不过就不过，你别天天叽叽歪歪的。"

春静听到这儿，指着燕子，笑起来：“可不是，你把你家老公治得服服帖帖，说一不二。我不行，不会吵不会骂。不过，你不知道，人一喝醉就不像人样了，谁都没办法。”

“叫我看看你头上的疤。该打有多狠，到现在还显。”说着，燕子起身就去扒春静的头发，春静捂住头，不让她看。

“有啥看哩，过去的就过去了，人死了，啥也不说了。”

“那为啥？该咱倒霉？”

燕子嘟囔着，停下手。在那一瞬间，我看到春静头皮上的一道伤痕，浅浅的，像个小白虫子似的，显眼得很。

伤疤还在，昭示着昔日的苦难。

春静一直没有说出“老许”到底怎样“整夜”折磨她。一说到这个地方，她总是一句话带过去：“那都没法说。”“没法说”，不能说，说不出口，那一夜一夜是怎么熬过来的，可能确实用什么样的言语也无法说出来。

春静的眼睛依然明亮。但是，如果仔细观察的话，会发现略微迟钝，缺乏必要的反应，那是被长期折磨后留下的痕迹。整个脸庞没有一点光彩，泛黄、僵硬，神情看上去很疲倦。她给人的感觉就好像心早已被击碎了，只是胡乱缝补一下，勉力支撑着活下去，再加上她略微沙哑、缓慢的声音，看着她，就好像她曾被人不断往水里摁。

这么多年，她一直在努力浮出水面，希望能够浴火重生，重新回到正常的生活轨道。她学佛经，识玉、卖玉，努力经营儿女的生活，也努力寻找新的爱情，那又是另一个艰难的故事了。

她一直在努力自救。

风言风语

“你还记得清花吧？韩万杰的闺女，胖胖的，可大两只眼，脸圆圆的？”燕子说。

午饭过后，我们转移到书房里，喝着茶，继续聊闲天。

燕子和春静参观了我的书房。燕子坐在我书桌面前，让我给她照张相，说她考上初中时，一直觉得自己能上大学。春静没说什么，只是细细观察我书桌上的笔架，拿起毛笔，用手试试笔毫，又放下了。我本来想拿出宣纸，让她写几个字，可看到她的神情，就没说什么。

我们在书架前合了一张影，三个梁庄姑娘，经历了将近三十年的分别，终于聚到了一起。

我说：“记得。当然记得。在我的印象里，她好像和一个男的私奔，男的也不是正经人。”

“错了，完全错了。你看，你脑子的印象都是村里人闲谈、别人瞎议论给你的，和对我的印象一样。你们根本不了解情况。清花和王家的王建设好，你知道不？你们肯定不知道。我最知道情况，他们约会都找我传信儿，我天天当他们电灯泡。你都知道，王建设人长得好，个子高高的，很文雅，清花虽然个子低，但也很好看，两只大眼简直会说话，俩人在一起真是般配得很。我初三时，已经转到另外一个学校上学，只要回村里，清花就约着我和建设见面。建设家里其实很不错，人家爹是医生，家里也有诊所，可是，韩万杰坚决不同意。一是因为两个人是同一个村里，嫌丢人，其实根本都不同姓，有啥丢人的？二是，你知道清花家是有头有脸的，二叔、三叔都在外面当官，官可大，所以傲气得很。韩万杰把清花软禁在家很长时间，据说也是因为清花怀孕，他们让她流产。这些事情是别人传的，清花没告诉过我。后来，清花逃了出去，跑得可远，山西那边，在那儿谈了一个，家里也生气。那时候，嫁得远了也丢人。你看，左也不是，右也不是。清花非要嫁给那个人，韩万杰就不让她回家。基本上等于是把她放弃了，不管她了。后来，韩万杰死了，清花的哥韩清辉也不让她回来。清花破罐子破摔，结了又离，离了又结。我也是好多年没见她了，她好像也刻意不和大家联系。你看，你都不清楚，那时候女孩子根本没自由，家里管得可厉害。”

好像每个村庄都有这样的女孩子。她们在村庄消失多年，关于她们的消息，神秘、破碎，多是些羞耻的、无法言说的事情。譬如谁的作风不好，谁私奔了，谁傍大款了，或者谁找的男人怎样了，等等。这些残缺的信息经人添油加醋，到最后，化成村庄最浑浊、最沉重的底色，被封存在每个人的记忆深处。

关于清花，她的基本形象是粗俗，浑不吝，文化水平不高，作风很乱，经常和一些来历不明的男人鬼混，最后和人私奔。

“都是胡扯的。还有仙桂，村里人都传疯了，我知道个大概，但是，不是人们说的那样，仙桂就是个坏女人什么什么的。一会儿小玉就过来了，你问问她。她和仙桂也好，她俩当年是一起出来的。”

小玉和燕子、清花、仙桂都是同岁，当年在梁庄时，她们关系都很好。前一天和燕子通电话时，我提到了小玉。燕子说自己来北京时找过她，可小玉并没有太热情。她有点伤心，所以，在北京这么多年，她们一直没联系。

我们先给小玉发了短信，没有回音。又打了电话，无人接听。燕子又打电话回梁庄，问到小玉的姐姐，说小玉的电话并没变。于是，燕子又打，这次，电话通了。

我说：“小玉啊，我是梅子的妹妹小清，就是毅志的妹妹。”我怕她忘记了我，把姐姐和哥哥搬了出来，她们年龄更接近些。燕子夺过电话，说：“小玉啊，我是燕子，我在小清这儿，你也过来吧。”

电话那头嗓音很大，一口地道的老北京口音，说：“我这会儿正在开车，一会儿回过去啊。”电话断了。

燕子气得在房间里转圈儿，说：“你看，就她变了。我早说她变了。嫁个北京人又怎么着？”

傍晚时分，小玉又打过来电话，连声道歉，说那会儿确实在忙，她马上就可以过来。

互相说地址的时候，才发现，小玉离我家竟然不到五公里。

我到小区北门接她。

雨还在下，不紧不慢的。地面、电线杆、天空都被淋透了，显出灰黑色的疲乏。街道两边，一排排小饭馆前，停满电动车、自行车、三轮车，吃饭的人擦着嘴，从里面走出来，披上雨衣，骑着车，走了。送外卖的小伙子仍然风驰电掣，一边骑，一边打电话，沿途飞过的地方，水花四溅。

小玉也是活在村庄传奇里的女孩。她和仙桂、燕子都是梁庄最早一批到城市打工的女孩。有人说，小玉是在这家当保姆，最后男主人娶了她；也有人说，她肯定是小三，那男的到梁庄来过，几乎是一个老头了。早年回家，我曾经在路上碰到过小玉一次。她穿着驼色羊绒大衣，围一条暗格围巾，披肩卷发，一看生活非常优越。她的神情很有距离感，所以，大家只是笑笑，彼此没有深聊。

小玉把她的白色尼桑越野车停在小区边的停车场，一路小跑，跑到我伞下。她很瘦，穿小西服，内搭白色薄毛衣，下身窄腿牛仔裤，烫一头短发，很干练的样子。她连珠炮式地给我道歉，说上午忙一个事情，所以没接电话，又说她一会儿可能还要早走，晚上九点多要去通州那边接在上大学的儿子。小玉满口老北京话，声音又快又高，挑着尾音，带着一股子北京人特有的满不在乎劲儿。

燕子见到小玉，说：“不知道你是北京人了，连个电话也不接。”

小玉说：“那咋可能啊？只要显示的是老家号码，我都会接。”

燕子撇撇嘴，表示不相信。

我说：“小玉，你知道梁庄人是咋想你吗？大家都说你找了个黑社会老大，在俄罗斯倒腾大生意。”

“哈哈，啥啊，我家老头要真是黑社会老大，那倒好了。他一个老清华大学毕业生，现在天天和传销杠上了，人家一说，他就买，一说，他就买，真他妈傻 ×。去俄罗斯是当年他们单位和那边有合作，后来退休了，他自己也去做过几年生意，不过那时候已经不行了。90 年代初期时生意真好做，钱像捡的一样。”

起初，我担心小玉有些不好交流，甚至琢磨着是否告诉她我要写的内容，没想到在和她聊了之后，小玉非常爽快，说：“一定要写啊，咱们农村女孩子出来，多不容易啊，啥都一个人承担，没人帮你不说，还他妈老被别人说。”

你们知道我为啥从梁庄出来到北京？我是逃婚。我爹有知识，是那个年代的高中毕业生，那时候真算是知识分子了。可是，他非常专制，在家里说一不二，谁都不敢反抗他。我妈跟着我爹，一辈子连腰都没直起来过，从没有大声说过话，就这，我爹还欺负她。说是在菜园他俩一起干活，其实，我爹就是坐在地头那个小棚子里，光指挥我妈干活。我妈也有短处，娘家是地主成分，那时候绝对是低人一等，因为成分不好，我妈连上学的机会都没有，大字不识一个。

我十五岁时，我爹给我定了亲，那个男娃的父亲是那个村的村支书，那时候，村支书就算不得了的官了。我爹一辈子在村里谨小慎微，特别希望自己闺女能嫁个权势人家。我姐嫁的那家人，父亲是村会计。我爹就喜欢这。

他们带着我看家儿[1]。天啊，那个村比梁庄小多了，就几栋房子，地势又低，就是古画里面那种黄黄的感觉，坟园一样，感觉人一进去，就被埋到里面了。我回来给我爹说，我不愿意，我不想去那个村生活。我爹说，那绝对不行，有那么多人知道这件事，我丢不起这人，再说，彩礼已经收了，也吃了喝了。

我可倔，那家人拿来的一筐油条，我一个都不吃。他们人一来我就跑，根本不见。当时，我已经自己在街上卖小百货了。我爱做生意。一开始下学，我就跟我爹我妈去卖菜，然后就自己开始做。见天早晨起多早，我去进货，真是辛苦得很。可是我喜欢，我干什么事特别实际，想到了就去干，不弄些虚幻的东西。

有一次回家，家里来了客人，我听见我爹在和那些人商量我结

1　看家儿：相亲。

婚的日子。天哪，我才十九岁，我绝对不愿意。第二天一大早，我就坐车到穰县，又转车到邢台，去找仙桂了。她的故事我一会儿再说。

在邢台食品加工厂干了有两三年时间，跟着仙桂经历了很多事儿。咱们村里有好多年轻人都到这个食品加工厂干过，然后，从这儿再去北京、西安或者其他一些城市，这儿算是中转站。这仙桂很有功劳。

后来，在食品加工厂待不下去了，因为仙桂的事儿，也因为我待够了，我们俩就跑到北京了。我先是在面包厂干活，流水线，干了不到一年，我就琢磨着走。我还是想自己干。后来，又干了好几个事儿，饭店、保姆都干过，我都是干一段就走了。

我这人特爱跳槽，我是心不甘啊。后来，开始学裁缝。你知道我怎么想的，开饭店、美容店都需要本钱，我没钱；开裁缝店，一个机器、一把剪刀就行了，不需要本钱。我在报纸上看到北京服装学院有短期培训，我就拿着我攒着的那点钱，报名去了。半年，算入门了，学了可多理论，没用。一点用也没有。裁缝这个活儿是个实践活儿。

在这过程中，我认识了我第一个男朋友，北京人，是个工人。当时我二十三岁。这个男朋友帮我很多忙，我有想法，他帮我实践。他自己不行，就是个工人，但他特别支持我。要是他们家人同意，我们肯定结婚了。他们家在惠新西街有一套小房子，当时我男朋友一个人在那儿住，他妈不高兴我去住，就也住去那儿，看着我，不让我去。

我去服装学院学半年，出来后，去一个叫王天一的设计师开的厂子，跑流水线。那里的活儿是一个人只能干一样，缝扣子的就是缝扣子的。干了半年，我又跑了，去一家大的裁缝店，在那里啥都能干，学得多。那家人对我很好，但就是太累。学有快一年，我就在服装学院旁边开了个小店面。我的手艺进步很快，到最后，都能混到又回服装学院做旗袍，他们专门请我回去，给大使馆做，一套衣服光做工几千块，我能拿到七八百元。

那个小店也还挺赚钱，那时候，我男朋友一个月两百多块钱工资，我好的时候一天就挣一百多，做沙发套。他对我很好，就是不爱干活，我忙了一天回家，还得做饭拖地。他还特省，我花钱都不让我花，我自己挣钱，想买个蛋糕，还是去看他爹妈，他都不让。

他爸妈也一直不同意，就是（因为我）没户口呗。其实我心里也有想法，那个人太无能了。他对我真不错，我进修时，他把一大部分工资都给我，让我上学。但是，太不上进。再后来，我到前门开了个店面，我连地方都不告诉他。我记得他去找过我一次，穿着个拖鞋，很可怜，我还给他买的皮鞋、T 恤。估计现在他早已下岗了。

当时我很生气，觉得他们看不起人。你看不起我，我还看不上你呢。现在想想也理解，别说那时候的北京人，就是现在，哪个北京人愿意自己孩子找个农村姑娘。要是我儿子这样，我也不同意。咱实话实说。

说实话，这时候我也学坏了，更讲实惠。认识我家老头时，我有目的性，他是北京人，比我大二十多岁。但是，他有工作，还能到俄罗斯经商，我一听就心动了。我就想经商，那多赚钱啊。当时开小店把我的胃都熬坏了，手也天天疼。

那时候我已经攒了两万多块钱，也算挺多的了。我回家办护照，派出所的人说死都不给我办。我每次去，有个民警，五十多岁了，见我就黑着脸，说你一个小姑娘去俄罗斯干吗啊，把我气坏了。他是好心，但好心有什么用，我要挣钱去啊。后来，惊动南阳了，我带着俄罗斯的望远镜去送礼，才办下来。前前后后送了好多礼，真他妈费了大劲了。

我攒的那点钱很快被我家老头给造了，天天给我许诺，说到俄罗斯挣大钱，他这个人，爱花钱，不过也能挣。

2000 年，我和我家老头结婚。那时候他还没退休。他比我大二十几岁。我是有功利目的，看上他的北京户口了，有房子，有正经工作，还能做生意。不过当时，他看着不老，白白净净，清华大学毕业，又是一家电气公司的工程师，也很不错。

我妈也一直担心，老说你是不是“傍尖儿”“当小三”啊？我一结婚，她就不说了。年龄大，他们当然也不高兴，可也没说啥。他们管不住我，估计是想着只要有个结婚证，是正经出嫁，面子上过得去就行。

结完婚之后，没孩子之前，每年我们都回梁庄，见人还打招呼。真不知道村里人是咋想的，估计是看我家老头年龄太大瞎猜的吧。

后来，一怀上我们家孩子，我就不上班了。一晃二十年了。儿子去年上大学了，我就想着，我还是得出去做个事儿。

现在我都不爱理我家老头。一个清华大学的大学生，高级工程师，天天被传销的哄得团团转。我管不着他，我就把家里的钱死死把着，只给他生活费。就这，有一次，他把我银行卡偷出去，刷卡买画，八万块钱，也是别人骗他的。我都报警了，钱最后也没要过来。真他妈傻。

小玉用疾风骤雨般的语速，把她的前半生给交代了，不藏不掖，中间带了无数个“真他妈傻”，听着倒也痛快。

其实，这就是一个梁庄女儿城市奋斗史，没有神秘，没有见不得光。

“也不都是这样。”燕子说：

小玉说来算是顺的，很幸运，她个性比较强，敢说敢干。像我老公他们村里，有个女孩子，在北京一家理发店干，和当地一个男人好，和人家在外面租房子住，被那男的老婆知道了，就把她打了一顿。打得狠啊，是往死里打的。她躺在出租屋里，几天起不来，也没人知道。后来，还是她一个理发店的同事去找她，才发现她昏倒在屋里，赶紧往医院送，又给她们家里人捎信儿。家里就一个哥，也出门打工去了，谁管她啊？在医院治了一半，没钱了，又出院了。那个男的也消失了。后来，她就回老家了。你不知道有多惨，话不会说了，头一晃一晃，走路腰半弯着，两手往外撇着，像个鸭子一样，可怜得很。当初多漂亮一个姑娘啊。后来，嫁给一个傻子，生了俩孩子，没人管，都脏得像从灰窝里爬出来的一样。你说，惨不惨？那个男的就是个王八蛋，从头到尾连个面都不露，到现在都不知道是谁。

小玉接着说：

先不说别人，就说仙桂。仙桂是和食品加工厂的厂长好。那个人长得特别帅，一米八几的个子，有派头，又大方，天天给我们买西瓜、卤鸡子吃，骑个偏三轮摩托，带着仙桂出去逛，可拉风了。仙桂是没上初中就出去了，她爹死得早，她妈也不置事，没人管她们姊妹。仙桂想和人家结婚，又结不成，就天天闹。那个男的对她很好，食品加工厂都是她在管着，自由度特别大，但是仙桂不满足啊。可是，明眼人一看，咋可能啊，两个人差距太大了。人家有老婆，老婆也是个大知识分子，到过厂里，两个人站那儿，特别般配，那是不可能离婚的。仙桂太痴情了，那个男的给她介绍过好几个男朋友，都还不错，但她都不愿意。不过，你想，仙桂没见过世面，十几岁就跟了那个男的，她不是傍小三，她以为那就是她的终身。

仙桂就服毒自杀，自杀了好几次。你知道她多鬼啊，有一次，她把敌敌畏洒身上，说自己服毒了。那个男的赶紧找车，我们一起把她送到医院，洗胃，折腾啊。她偷偷告诉我，她根本没喝。没喝也得洗啊，万一喝了咋办啊。那个男的对仙桂应该是有愧的，仙桂去的时候，那个食品加工厂才开始创办，是仙桂和那人一手开拓的。

眼看着没希望，我和仙桂就离开了，一起到北京。三个月后，她又找个男的。这一点我就不同意。我是要自己干，一定要凭自己力气。这个男的也是个混社会的，地痞流氓，打架，帮人处理事儿，收保护费，有一帮小兄弟。他前面也结过婚，不过，对仙桂是绝对好，挣的钱都给她。这个男的后来坐牢了，仙桂天天招些坏人到家，吃、喝、抽粉，指望（靠）这个养儿子。后来，自己也染上了。我再见到她时，都瘦得不像样了。那时候见一面不容易。我劝她说，咱不是吸这个的人，吸这个的都得趁钱。说实话，她要是在北京好好守着，等着那个男的出来，那个男的一帮小兄弟都会管她。她自己胡混，就没人管她了。后来，她又回到邢台，找到当年食品加工厂所在村的村长（村委会主任）。很快，俩人又好上了。你说荒不荒唐？村长媳妇也大大咧咧的，几个人在一起生活，一起打麻将。她算在那儿把儿子养大，好在儿子还挺争气，大学毕业找了个工作，还不错，能养住他们娘俩。所以，人上没上学绝对非常关键。仙桂小学没毕业，大事全糊涂。不过，这也是咱们在这儿说。你要是让仙桂给你讲，肯定又一个样子。

2013年春节，仙桂的侄子结婚，仙桂带着儿子回来参加婚礼，那是我们分别二十几年后的第一次见面。她还是记忆中的瘦高个子，只是脸黄得厉害。儿子和她一样，长脸，瘦高，但是很健壮。这些年，仙桂是梁庄人议论最多的女孩子。她每回梁庄一次，就会又增添一些色彩，一层又一层，到最后，层层渲染，根本无法找回最初的样子。

“女孩子出门打工，等于是一脚踏入鬼门关。一不留神，就走错路。不过，不管咋说，还是要心正。”春静说。

“这和心正啥关系？不是你心正不正的问题，是你根本就是羊入虎群。”

大家都笑起来，说你这只羊不是把那头虎治得服服帖帖的吗？话题又跑了。

“我是讲道理，一个家就像一个团队，谁对听谁的，你对，那我也会听你的，不存在羊、虎的问题。倒是当年，你说王子河那样穷凶极恶地追我，我不是羊是啥？咱们村里的女孩子，哪个不是被家里安排的？”

“说起来安排，你们还记得彩玉吗？”春静突然问我。

当然记得。我初二时的同桌。有一天晚上她突然对我说：“你知道吗，小清，自从和你同桌后，我很羞愧，我再也不和×××出去约会了。”这句话我一直记到现在。当时很骄傲，觉得自己给别人带来了好的影响。其实，不是我纯洁，而是十三岁时的我根本不懂感情。彩玉身高一米七五左右，修长匀称，眼睛黑亮清澈，睫毛又长又弯，闭眼的时候，在下眼睑投出厚厚的阴影，嘴唇厚厚的，带着一点点娇憨，像一个洋娃娃似的。追她的人都是吴镇非富即贵的公子哥儿。

“上次我回吴镇，大家组织一次同学会，也叫了彩玉。通电话时她就嘟嘟囔囔，说不出一句完整话，最后也答应了。晚上，同学会都开始好长一会儿了，她才来。你没见她，看着真是让人伤心。又高又胖，说个难听话，就是农村最不爱收拾的胖妇女，邋遢得很。感觉她连个话都说不囫囵了，只拼命灌自己酒，喝醉后就哭。后来才听同学说，她老公管她管得非常严，不让随便给同学联系，连和男的说句话都不行；当年因为前两胎都是女孩，还打过她，后来又生个儿子才好一点。彩玉就像被关到监狱里了，上完班就回家，没有任何社交。”

“就是。”小玉说，“在我们家，我爹就是秦始皇，君王，绝对的统治者。我妈一辈子不敢和他犟嘴，我的婚姻，他给我定好，我跑了。我姐我哥，都是我爸包办的。我姐不同意，服毒自杀，吃那个治打摆子的药，吃了几十片，还去医院洗胃。我现在还记得，一桶一桶高锰酸钾水洗。我敢跑，她不敢跑。后来，我才知道，当时我姐喜欢她一个同学，她不敢说。我姐受的苦可多了。结婚后，不会怀孕，在路边捡个女娃儿。那时候，生下来，一看是个女娃，心肠好的放在路边，狠心的就直接塞尿罐里。有时我妈开玩笑，说幸亏没把你塞尿罐里，意思是没白养我，还算比较孝顺。其实我听了心里挺不高兴。不只这样，我爹还一辈子偏心。他们干了一辈子，钱全部补贴给我哥，这不说，还非让我给钱。一九九几年，我多不容易存了一千三百多元，全寄给我哥了。就这，我生孩子那年，我爹我妈在我这儿，我哥问我要钱，要三四万，说要办养猪场，我没有，我是真没有。我爹就吵我，站在楼道门口，打雷一样的声音，差点就要打我了。最后，我给了一万多。”

“这都很正常。不说在农村，就说在城市，哪个姑娘好意思和自己哥哥弟弟争财产。说是男女平等，你见谁家父母，把财产平分给姐妹了，太少太少了。”春静说，“我们村里一个姑娘嫁到城里，婆婆公公开诊所的，挣下大家业，有一栋楼、几套公寓房，还有一个私立医院的股份。婆婆去世得早，公公突然去世，没留遗嘱。她婆家姐也想要遗产，你不知道，周边人把她婆姐给骂的啊，真是难听得很。意思是娘家财产还要争，太不像样了。这可是有法律规定，可在生活里，不还是老样子。”

“哈哈，说得可好，春静，你敢说你要是大富翁，会把你的财产平分给你姑娘和你儿子？你说，‘老许’这个姓给你带来啥好处了？”

“我闺女结婚，人家婆家都把房买好了，不用我操心，我能把我们这一家弄好就不错了，管不了她了。”

大家又是一阵大笑，说都是一说，到自己身上，就还是老思想。燕子说：“你别说别人，小清，你爹去世时，他留的钱平分了没？”我说：“当然没有。我爹手里攥着那一点点钱，一心想着给我哥哥。不过，他好像有点不好意思，毕竟几个闺女长年贴身伺候他。到最后，还是把钱留给我大姐，让她来分配。相较而言，父亲的那点不好意思反而更显得珍贵。毕竟，那意味着，他也觉得那样做存在某种不公平。”

天全然黑了。不知什么时候，雨停下了。月亮升了起来。透过窗户往外看，微暗淡白的月亮悬在对面的楼房上面，周边大朵大朵的乌云一动不动，沉重欲坠的样子，仿佛随时就要倾倒出雨水来。

房间里，一群梁庄来的姑娘说着、笑着。春静不准备走了，她说早晨出门时就想好了，她晚上不回家，要好好玩一玩。她一直在潘家园那边卖玉，这几年生意一直不好，有一搭没一搭的，一天两天没去，没什么大影响。小玉家的老头一直在通州照顾自己的母亲，儿子在大学上学，可回不可回的，她也不管了。燕子说她必须得走。她走一天，就要损失几百块钱，这么多年，生意都是她招呼的，她走了，相当于她的档口关了。她老公只负责进菜，每天清晨两三点去郊区批发菜，回来后，把菜卸到菜市场，回去睡觉。燕子六点多起床，把菜一一摆好，等待顾客来，一直要到晚上七点，才能收工。

经不住大家三说两说，燕子头一摆，说：“不管了，我也不回了。”她脱下袜子，我这才发现，她的脚指头和后脚跟几乎是血肉模糊了。我找出消毒液和创可贴，春静和小玉一边取笑她，一边给她做处理。

我拿出席子、被子、褥子，铺在书房的地板上，今晚，我们几个姑娘在这块儿睡地铺。燕子直接跳到上面，长手长脚躺在上面，春静侧身躺在她旁边，小玉靠在书架边，拿出一根细细的香烟，我找出打火机，为她点上。她深深吸了口，吐出一个大大的烟圈。

燕子说：“从小我那寡妇妈就告诉我，女孩子们就是‘芝麻粒儿那么大一个命’，撒哪儿是哪儿，地肥沃了，还行；地不行了，那你就完了。”

小玉说：“是啊，你妈一辈子多谨慎啊，哪个男的在门口多看她一眼，她都把人家骂出去。小时候我可不想去你家了，你妈太凶了。她老想着自己是‘芝麻粒儿’，生怕别人说啥，所以，你这么招蜂引蝶的，你妈不气死才怪。”

我对燕子的寡妇妈没多少印象，只记得她经常穿一身黑衣，腰微驼，不苟言笑，在村里走的时候，很少抬眼看人，见我们这些小孩子也从来不理。

我问燕子：“你知道你妈叫什么名字？”

燕子说：“那我还是知道的，叫刘秀兰，我外婆天天提着我妈名字骂我妈，后来，又提着我名字骂我，骂我妈招野男人，骂我招野男人。”

“那你外婆叫什么名字？”

燕子想了想说：“好像还真不知道哎，反正她也是寡妇，只有我妈这个闺女。我现在想想，可能她住梁庄，心里一直不痛快，觉得自己没儿子，老了得投奔闺女是很丢人、很丢人的事。我记得，有一次她拿着棍子打我，那是往死里打的节奏。我妈上来挡，说你要是没个闺女，现在不知道在哪儿死着呢。你别打我闺女，你不稀罕你闺女，我可稀罕我闺女。我抱住我妈，哭可长时间。”

春静轻轻拍着燕子的背。小玉从地铺上坐起来，靠在书柜上，又点了一支烟。

我真的喜欢极了梁庄的这些女孩子。我想把她们聚拢在这本书中，让她们重新在梁庄的土地上生活，尽情欢笑，尽情玩耍。

吴桂兰

第一次见到吴桂兰，是在早晨五点多钟。

吴镇刚刚从睡梦中醒来。

沿着老邮局的那条主路，往街里走，路两旁分叉出一条条路，这些辅路上住的多是吴镇的老居民。自家的门口，打扫得干干净净，放几盆花，有的围一个小花坛，种几棵豆角、辣椒、西红柿，也结得轰轰烈烈，热闹非凡。

快到吴镇中心小学时，突然听到震耳欲聋的音乐声。循声而去，看到一个人正在路中央跳舞。只见这个人头戴一顶艳红的宽沿帽子，帽檐上一个硕大的红色蝴蝶结将飞欲飞，上身穿一件橘红色环卫服的夹克，下身穿一件暗红色长裙，脚踏一双暗红运动鞋。她手拿扫把，脚下滑动着太空步，身体随音乐节奏不断摇摆，动感十足，整个人都沉浸在音乐和节奏里。后退、前进、摇摆，铿锵的鼓点似乎是她的脚步敲击出来的，在大地上肆意回响。她旁边是一辆三轮垃圾车，上面有拖把、大桶，还有一些凸出来的纸盒之类的东西。

我被她的舞姿和她的穿着打扮所吸引，拿出手机，朝她拍了几张照片。略有点怪异的是，那些路过的人，睡眼惺忪从家里出来的人，或就在旁边忙着事情的人，都没有多看她一眼，好像那巨大的声音和她这个人不存在似的。

看到我在照相，她更起劲了，腰挺直，胳膊平伸，脚飞速舞动，最后一个急促而优美的站立，扫把高举，另一只手叉腰，头微仰，凝神盯着我，脸上露出非常满意的笑容。

大约定格有几秒钟，她朝我招手，示意我过去。

那是一张饱经沧桑的脸。五十岁？六十岁？甚至还不止。汗水正顺着她的脸往下淌，她努力屏住呼吸，不让自己身体有太大的起伏。她的环卫服、裙子和鞋子被厚厚的油腻包裹，那暗红不是颜色，而是油和灰混合而成的光泽；但她的帽子却是新的，鲜红、艳丽，上面的蝴蝶结压得帽子几乎要扣住她的眼睛。她不时拿手去扶，努力把蝴蝶结扭到前面。

“让我看看，”她凑到我面前，看我手机里面的相片，“你这样拍不行，效果不好。”

“等下，我再跳一段，你再拍，拍了一定发网上，会有你好处的。”她看着我，露出羞怯又骄傲的笑容，“我是网红。有很多人认识我，很多人拍我。”

她边说边在身旁的垃圾车里翻找东西：各种样式的纸箱纸盒、大大小小的塑料瓶、铁片铜圈，几乎塞满了整个车厢。在角落的地方，放着一个完整的纸箱子，里面堆着五颜六色的衣服和饰品，她从里面扒出两条蓝色的缎带，把头上的帽子摘下来，解掉那个红色的蝴蝶结，把缎带绑紧，留出一个长长的飘带，接着，又从纸箱下面掏出两把金色泛红的扇子，朝自己扇了扇，摆了一个定格姿势。

“你站到这边，这边拍得全。”她让我站到垃圾车旁，背对着正在升起来的太阳。她在我斜对面五六步的地方站住，弯腰调放在地上的黑色播放器，强烈又刺激的 Rap（说唱）音乐立刻在空旷的街道响起来。她扭过来看向我，头一昂，一只脚点地，踩着鼓点，身体像突然抽筋似的，开始快速跳动。她的身体大幅度扭动，扇子在空中不断旋转，头上的蓝缎带随着这剧烈晃动飘得很高。一缕朝霞突然照射过来，整条街瞬间从黎明前的微暗朦胧变得明亮灿烂。正在跳动的她被笼罩在舞台般的强光里，身上杂乱破败的颜色幻化成华丽耀眼的色彩，脸上的沟壑清晰深刻，恍如一只苍老的鹰，在倔强地飞翔。

一曲终了，她气喘吁吁跑过来看我的手机，看一遍视频，说："这个可以，你赶紧发到网上，肯定会火。对你有好处。"

我问她怎么知道自己是网红，她说现在不是兴这个吗？有人专门过来拍她，拍着还解说着。她每次都很配合。

逐渐有人站下来，远远地看着我们俩，脸上带着某种了然又淡漠的表情。

"我跳了三十年。三十多年。原来只是喜欢跳，从我老头子瘫痪开始，我见天跳，刮风下雨，都没停过。他们都知道我。"她眼睛环过远远看着她的那些人，继续说，"我见天五点多起来扫地，扫到哪儿跳到哪儿，我啥舞都会。跳舞好啊。你看我，你信不信，我以前快两百斤。我背、腰、腿，都走不动。现在，我背起我那个瘫老公就能走，他一百八十斤。"

我说："我在吴镇也好多年，怎么就没见过你？"

她大笑说："不知道我吴桂兰你算在吴镇住过？你咋能没见过我，没见过我也应该听说过我吧？"

还真奇怪。吴桂兰前面跳舞的三十年，我真的没听说过她，也一次没碰到过她。而在偶遇她的那天晚上，我竟然又见到了她。

吴镇十字街右边的露天烧烤店是整个夏天生意最好的夜宵店，店主在街口拉出电线，挂上几只上百瓦的灯泡，周边十几米亮如白昼，越发衬得街道和周边景物漆黑一片。

吴桂兰在烧烤店的路对面，在那片阴影处，正热烈地跳着。白天的环卫服换作一件绿底红花的缎面宽旗袍，脚上着一双小皮鞋，头上仍戴着帽子，但是换了一个窄檐的绅士帽，绅士帽的两侧绑着两朵小红花。她浑身像上了发条，尤其是那双脚，像机器人，动作准确又迅捷。我这才发现，她的脚踝处已经严重变形，腿朝外弯曲，脚向里扣，跳舞时，这弯度反而增加了她的灵活度。

没有人跟她跳。对面烧烤店里的年轻人发出此起彼伏的喧闹声，有乘凉的人三三两两在路边聊天，一边发出笑声，而她这边，是一个人的喧闹。在疯狂的舞动中，唯有她的裙子配合她，闪耀着艳丽而诡异的光。

她的垃圾车变成了一个服装小车，两侧挂着各式各样的衣服。

看到我们，她停下动作，一把揽过我，说："哎呀，又是你啊，咱们太有缘分了。"

她拉着我和姐姐，让我们和她并排，一起跟着音乐跳。有纳凉的人看到这边加入了新的人，慢慢围了过来。

有人认出了姐姐，惊奇地大叫，又向别人介绍姐姐是谁。吴镇这么一点大的地方，谁和谁，都能找到牵系。而一旦找到牵系，大家就像亲人一样，瞬间放开了自己。姐姐鼓动她们一起跳起来。那些中年人一开始有点羞涩，被周边人推着进到舞圈，她们又把推她的人也拉进去，待跳了几步，发现没有人关注自己，也没那么难，就随着节奏胡乱摆动起来。

人越来越多，大家围着跳圈圈舞，跳到嗨处的，胖的瘦的，高的矮的，年老的年轻的，都叫起来，一边甩头扭胯，一边发出惊奇而开心的大笑声，对面撸串喝啤酒的，也三三两两过来，加入跳舞的人群。

每一曲跳完，吴桂兰就去播放器那儿找曲子，那些舒缓的刚一出来，大家就嚷着，不要这个，不要这个，于是，又换，直到出来惊天动地的鼓点声，大家就跟着曲子又狂跳起来。

吴桂兰也像疯了一样，在人群中卖力跳着，一会儿教身边的人步伐，一会儿带着大家喊节拍；她的眼睛闪亮，像终于得到糖果的小孩，又像拿到渴望已久的奖章，全身上下都激动不已。

连续跳了好几首之后，吴桂兰似乎有些撑不住了，跳出人圈，站在垃圾车旁，斜身靠在车把上，喘着大气，仍目不转睛地盯着跳舞的人，神情非常满足。

“你这裙子看着可不便宜啊。”我说。

吴桂兰扯起胸口的衣服，衣服已经完全湿了，说：“这可是真绸缎，我儿媳妇给我买的，说是一件都要七八百呢。我这衣服都是我儿媳妇买的，多得穿不完。”

说着，她拿起车子两侧的衣服，一个个抖开，搭在身上比画。

“他们也在这街上住？”

“没有，他们都在外面。我三个闺女、一个小儿子，都不在家。他们都在外面做生意，宁夏的、甘肃的，我小儿子在郑州，都可不错。”

人越来越多，感觉一首曲子才刚开始，就又结束了，吴桂兰不停跑过去换曲子。

换完也不跳，站到车子旁边，往身上套她带来的裙子，或往头上扎一些奇奇怪怪的饰带，原地比画几下动作，再换套衣服。她浑身都是汗，动作有些迟缓，脸上显出疲乏的神情。

“你在这儿跳舞，你老头谁管啊？”

“我早晨起来先给他熬一锅绿豆汤，再炒个菜，他可能吃，一顿俩馒头，能管到晌午，到四五点再吃一顿就行。他又不动，就这都光长膘。要不能长到一百八？”

她用双手比画着那“一百八”，言语中还带着骄傲：“老头死沉，我见天出去时得把他往摇椅子上放，光着身子，摇椅子上面有个洞，不然你说我不在家时他屙尿咋办？我以前也快两百斤，一身病，你看我现在，没病没灾，扛老头没问题。他瘫痪十八年，我扛他十八年。”

“那，孩子们呢？”

她突然停顿了一下，眼睛朝向天空，嘴使劲绷着，好像在控制自己的情绪：“他们都不回来。我说，我不要你们钱，我要你们回来，回来看看你爹。我也不要他们钱，我挣的钱也够花了。我就想他们回来看一下。”

旁边一个站着的中年男人说：“可别这样说，你闺女去年不是回来过一趟了吗？”

“那叫回来？回来几天？到她爹跟前几天？我都六十四了，我还能侍候几天？”吴桂兰的嗓门突然提高，带着恼怒。

中年男子没有再搭她的话茬，看了看我，露出意味深长的笑。

吴桂兰拉住我的手，眼神里充满对我这个陌生人的信任：“你看，我养他们四个，我仨闺女生孩子时我也去帮她们带。我不想啥，我不要钱，我每个月有工资，我就想着他们回来，替换我一下。他们都不回。”

“工资能养住你和叔叔吗？”

“哈工资，你就别说那工资了，我见天五点多就起来，扫大半个吴镇，一个月九百六十块，就这，工资还不发。说是半年一发，不闹就不给，上半年也是我去告去闹才发的。不过，你也别小看我，我不靠工资，我每天捡东西，一个月下来就一千多块钱，这是主要的。人们不知道这些。”

说到“一个月一千多块钱”的时候，吴桂兰的语气非常骄傲。一边说着，从挂在车把前面的塑料袋里掏出两个馒头，大口啃了起来。

“你晚上就吃这个？”

“也吃不下去别的东西。跳着可累，啥都不想吃。”

“儿女有赡养父母的义务，你可以给孩子们说，他们这样是违背法律的。”

“啥法律？给儿女说法律，谁说得清？我现在还能挪动老头，等挪不动了，两包老鼠药，一人一包，俩人一喝，谁也不拖累。”

一首曲子又完了，跳舞的人们互相取笑着，一边等着吴桂兰找新的曲子。

吴桂兰跑过去，蹲在播放器旁边，一首一首试听，她似乎想找到更激烈的舞曲来烘托这个气氛。

我往远处退了几步，退出人圈外，拿出手机录像。在灯影交错的昏暗之中，巨大的能量正冲破夜色，朝上空发散。蹲在地上的吴桂兰，身体姿势有些疲乏，也有些孤独。人们听着她的音乐跳舞，却并不怎么和她说话。

连续几个晚上，吴桂兰那儿成了吴镇夜晚的中心。镇上热爱跳舞、喜欢锻炼的女人吃过饭以后，都会悠悠过去。吴桂兰一个人跳着舞，她们在一边相互聊天、说话，但不跟吴桂兰跳。等到我和姐姐过去，大家一阵招呼，你推我搡，跟在姐姐后面，开始跳起来：广场舞、快四、水兵舞、恰恰……起先都很拘谨，跳着跳着，就都放开了，甩头、扭胯、大笑，音乐和笑声冲破了吴镇的夜。

每次一看到我们，吴桂兰就大叫着跑过来，声音充满不敢相信的惊喜。

待姐姐和大家一起嗨起来，她就站出来，倚在垃圾车旁，摆弄着自己的服装，一会儿披上一个披肩，一会儿再套上一个裙子；或者，在头上箍一个发卡，再绑上各种装饰，然后，走几步，亮亮相，再换一套。我不知道她是做给别人看，还是做给自己看，也不清楚她是在表演还是在表达。

在很多个瞬间，我看到，她盯着眼前这一群正在跟着她的播放器狂欢的人，眼睛闪亮，神情非常幸福。有好几次，人群跳得正激烈的时候，她会忘情地抱住姐姐，大叫着："你太好了，你太好了啊。"

有时我和吴桂兰聊天，有时也加入跳舞的队伍，可是我太笨拙了，一进去就东撞西碰的。吴桂兰大笑着，把我拉出来，一招一式教我，一边教育我说："跳舞最好了，你看我，现在没病没灾，天天可快乐，还是个网红。"说到"网红"时，她的头会不自觉往上昂一下，又咧开嘴笑，有点自嘲，但又很骄傲。看到我拍照，她就会问："你往网上发了没？一定要发啊，会给你带来流量的。"

有天晚上，我正在拍照，一个中年女人走过来，像特务接头似的，低声说："你明晚七点来看看我们，就在许家街口那儿，你看我们跳的是啥样。"她的语气好像我有什么权力，她想把她们的团体展示给我看，以得到肯定。

"你们是跳啥的？"

她思索了一下，说："最起码是正儿八经的舞吧，她这都是胡跳。"

我说："跳得还不错啊，你看节奏多好啊。"

她斩钉截铁地说："你去看看我们跳的。晚上七点开始，八点半结束，不影响谁。你不知道，人们都烦死她了，早晨四五点就放多响的音乐，扫哪儿放哪儿，扰民。人们说她，她也不听。她那闺女儿子为啥不回来？嫌丢人！"

我认真看了说话者一眼，发现她穿着非常整齐，眼神里带着鄙视，还有一点因愤愤不平而产生的刻薄。

"你不常回来吧？"她迎上我的目光，好像我被蒙骗了，而她有义务和我说清楚事实，说："一般外地人看见吴桂兰，都可兴奋，觉得可有意思，你看，在吴镇，谁和她说话？他们两口子年轻时都不正经干。她老头好喝酒，中风都是在酒场上中的，正喝着，头一歪，出溜到地上，不行了。吴桂兰也是，年轻时好跑，到处跑，不好好养小孩。到老了，你看天天穿得花里胡哨的，不像个样子。”

她的声音开始高亢起来，带着天然的道德和正义。那是吴镇潜藏很深却又一直被大家遵守的道德，一旦有谁逾越，便会遭受惩罚。这惩罚从来没人说出来过，也从来没人认为自己在执行，但是，你从被惩罚的人身上，一眼便能看出来。

中年女人说完就走，走了好远，又回过身来喊：“明晚你过来啊。”

我扭头看吴桂兰，她正在收拾地上的音响设备，把它们抬到车上，又把衣服一件件收起来。她身边的人们在聊天，两个人，三个人，好几个人，围拢在一起，专心致志地说话。所有人都背对着吴桂兰。

吴桂兰正处在这样的惩罚中。她被整个吴镇孤立和遗忘，被自己的儿女孤立和遗忘。她瘫痪在床的老头，是她被惩罚的显在标记。“谁和她说话？”即使是闲言碎语，吴桂兰也不配。也许，这是我这么多年来从没听说过她名字的原因。

我不知道吴桂兰有没有意识到自己在遭受惩罚。她眼神中的渴望，她所弄出来的巨大声响，她三十年如一日地在吴镇大街上跳舞，似乎在反抗，也似乎在召唤。她兀自舞着，显示出自己的力量，也释放着善意和无望的呐喊。

边工作边跳舞的吴桂兰

吴镇著名小吃

第三章 土地

没个地，就没了依靠。人老几辈的地不能在我这儿断了，给我多少年钱也不会卖。我生意最失败时也没想过这个问题。你看咱们村里哪家会这样？那多少年都没回来过的，在外面做生意发财的，在大城市里买多少房的，也不卖。没有一家会卖，再穷也不可能卖地。再咋说，这是最后一个依靠。

北岗

2017 年，艾草这种中药突然开始全省大流行。

梁庄北岗的四百亩地被南阳一家艾草公司租了去。政府出面，和公司签合同，向公司要租金，再统一支付给村民，好首先保证农民的利益。村支书在村民大会上宣布这一政策时，大家都长吁一口气，感觉踏实很多。前些年和公司打交道的经验很不好。之前的天南星被铲除干净后，公司又派得力干将，游说那些固执的梁庄村民，把北岗周边这些人家开的荒地、留的菜地、育的树苗地统统高价租了过去，统一种上了艾草。那两年，北岗地里的艾草喜气洋洋，艾草茎秆肥大、叶脉清晰，看上去健康清新。收割季节，公司在梁庄和周边村庄招募短工，收割、打包、运输、清理，一条龙下来，地里干干净净，只剩下粗壮坚硬的艾根茬子。这些根茬并不拔掉，大型拖拉机会开进来，翻土时把它们全部翻进去，变为腐殖质和肥料。

如雨后春笋般，穰县开了无数个卖艾草产品的门店。我的外甥也加入了这个行列，把自家楼房的一层收拾出来，买几个货架，就开张了。

外甥店里的艾草产品有：艾条、艾炷、艾绒、艾灸盒。电加热系列有：艾灸宝、艾宝宝、艾灸帽、护肩宝、护膝宝、肩颈宝、艾盐热敷宝、暖脚宝、艾绒坐垫、艾绒眼罩、艾灸毯。生活用品系列则有：艾草沐浴露、艾草护发素、艾草洗发露、艾草香皂、艾草洗手液、艾草洗衣液、艾草面膜、艾草烟、艾草牙膏、艾草枕头、艾绒肚兜、艾草卫生巾、艾草护膝、艾绒内衣内裤、艾草鞋垫、艾草沐浴包、艾草泡脚包、悬磁灸、艾眼灸、艾草足贴、肚脐贴、艾灸贴、宫廷灸、无烟金艾炷、野生纯艾草、艾灸架、艾灸凳、蒲团坐垫、肾延灸、隔姜灸、雷火灸、艾灸床……

外甥说，这里至少有上百种艾草产品，他数都数不过来，只有你想不到的，没有你想到但没有的。他的货是在南阳一家大型艾草公司进的，像那样的公司，在南阳和周边地区，至少有几十家。

南阳地区这几年正在大力推广艾草产业，在市里有艾草一条街，占据了全国百分之七十的市场量。这些艾草公司大多有自己的种植基地，在像梁庄这样的村庄租地，种植艾草，自己加工、分销。

外甥的艾草店生意很旺。他在朋友圈、县城贴吧发广告，还亲自跑到单位给领导送货试用。生意好的时候，外甥每周六日都要去南阳进货。多年生意没有起色的外甥得意扬扬，在饭店摆了两桌酒，请家族里的人吃饭。席间他展开联想，放出豪言，曰，准备扩大店面，豪华装修，吸引大客户，明年这时候，大家等着，“财富世家”一套二手房准到手。“财富世家”是穰县最早有暖气的公寓楼，地段优越，设备齐全，是穰县最让人向往的住处。大家大笑，说他得了他外公之真传。

说干就干，2018 年，外甥把门店重新装了一遍，把原来阴暗的木门换成敞亮的钢化玻璃，店铺牌子的字放大了很多，镀上金，整个店看起来也是喜气洋洋的。外甥夹着包，一副干事业的样子，每天跑来跑去。

每次回家，我都到他的店里去参观。看着那么多种类的产品，一边感叹艾草被发掘的深度，一边也百思不得其解，一个艾草，真有那么多功能吗？真有那么多分层消费的必要吗？其实，这不是我真正的疑问。我内心有一个声音在不停地说：又来了，又来了。太熟悉的场景，太熟悉的氛围，几乎是一次次轮回，每次的形式、状态以及结果，都一模一样，没有任何区别。从我有记忆开始，每一次，当一个风潮席卷过来的时候，不管这个风潮是自由市场吹来的，还是政府百般提倡的，都有人疯狂跟进：办厂的把房子抵押贷款，开店的把全部家当拿出来进货，种地的恨不得把村里所有的地都租过来种。等风潮过去后，大部分人都落得一地鸡毛。但下次，有新的风潮到来时，又有一拨人会跟进。就像发热出疹子，隔一阵子，这热就要发作一次，就要出一次疹子。但是，人们对此却毫无预防能力。

我记忆中最清楚的就是 20 世纪 80 年代整个梁庄、吴镇乃至穰县的“麦冬”事件。那时候，“南方”刚刚成为一个名词。一个南方商贩走乡串户收麦冬，一斤两块五，这在当时是极高的数字，有意无意间，种植麦冬的农户立马就发了笔小财。商贩信誓旦旦说，来年种多少都行，我负责收购。于是，一场麦冬之战就开始了。那几年，不知道有多少吴镇人赔得倾家荡产，家长预支了自己一生的幸福不说，还把孩子未来的命运也预定了。

之后许多年，种辣椒赔过，种烟叶赔过，种豆子赔过，几乎什么都赔过。脑子越活泛的，越紧跟形势的，在种植经济作物上就赔得越多。

后来，关于种植方面的政策更加细化，这是地方政府一直努力的方向，政府试图通过宏观调控，让种植和市场能直接对接起来。但是，很多时候，调控得越细，产生的状况也越多。

大约 1993 年的样子，当时我在另外一个村庄教书。入冬的一个下午，隔着教室的窗户，我看到麦田里有一些人，指挥着带犁耙的拖拉机，把长得绿油油的麦苗犁掉。两个农户在田地里又哭又喊，又骂又跳，甚至躺到拖拉机下面，试图阻止拖拉机前进。一群人，抬的抬，拖的拖，把他们拉出来，继续犁地。后来，我了解到，我所在的村庄有大量沙土地，上面要求必须种苹果，为了达到要求的苹果园的亩数，当地政府只好强行把农户的麦田犁掉，改种苹果。我离开那个村庄时，苹果园里的苹果树刚刚开第一次花。我的学生告诉我，如果我不走的话，再过三年，我就可以吃到苹果了。

几年前，我再次回到那个村庄，原来的路、田、地，全部没有了，苹果园也消失了，都变成了高速公路，只剩下几户人家，被圈在林立的路中间。我当年的学生告诉我，因为拆迁没谈妥，村里已经有好几个人被抓进去了。我不知道我的学生是否吃到了那个苹果园里的苹果。

我在梁庄没有见到相似的毁地场景。但是，每年春假、秋假回家帮忙时，父亲经常会聊一些关于种地的事情。聊到那年的烟叶，因为雨水过多，烟叶绿到发黑，无法烤出金黄的颜色；聊到韩云山花三四万办养猪场（那年政府提倡养猪，还有补贴），结果，猪没出栏，全得了瘟症，赔得一塌糊涂。最后，父亲得出结论，还是那些闷着头、老老实实依照自己的节奏，种点玉米、黄豆、绿豆的，反而过得比较安稳，虽不会大赚，但多少能维持基本价格。

2005 年左右，一些大公司看中了北岗的地，就派人前来游说，要把这块地租下来，统一种东西。他们没想到的是，几乎所有梁庄村民都同意把地租出去。细想之下也不奇怪。那时候，梁庄人均八分地，如果一家有五口人的话，就是四亩地。如果自己种这四亩地的话，在外打工的人每年至少要为此回来两趟：初夏割麦打场，深秋收豆种麦。这两趟的来回路费、吃喝招待、误工费时，再加上种麦种豆的人工、施肥、除草等等，加在一起，远远超过这四亩地的全部收成。如果租出去的话，一年下来，不动不摇，净得六百元，还解放了一家人。也有少数老人还犹犹豫豫，觉得把种了一辈子的地让给别人，总有点不确定，但家里的年轻人都坚决同意。几番磨合之后，北岗的地整体租给了穰县一家私人烤烟公司。那是梁庄农民第一次把自己的土地拱手出让。之前村民之间也有相互租种，但都是一个村的，彼此熟知，几乎有互帮互助的性质。现在，公司要怎么使用这块地、种什么，梁庄人却没有任何权利介入。

烤烟公司租了五年。第一年、第二年还可以，到后三年，每年夏天雨水都特别旺，旺到烟叶子因过分茂盛而烤不出上等烤烟片。种烟叶基本上是望天收。太旱，烟叶长得瘦弱单薄，一烤就糊；太涝，烟叶太肥厚，味道不好。真正的好烟叶，要长在地里的时候，黄中泛绿，烟脉清晰透亮，烤出来则金黄结实，这样，做出来的烟丝才醇香丝丝。

到第五年的时候，烤烟公司临近破产边缘，根本给不出村民租金。公司的人找到村支书，希望支书给村民做工作，减少租金，并再续两年合同，这一方案被梁庄村民全票否决：“你发财的时候并没有说给我们涨钱，赔钱了凭什么让我们少要钱。”一些心急的老人家开始唠叨，说本来就不应该把自己的地租给那些啥公司。尤其在知道那些公司还能够因此拿到国家补贴后，大家就更愤怒了，觉得公司欺骗了大家。

一喝酒就笑嘻嘻的福伯贡献了一句经典的话：“农民不种地，早晚要出事。”对他而言，他不管北岗的地给谁，只要他的那几分自留地还在，他就是一个踏踏实实的农民。

说归说，但大家自己种地的意愿并不高。其实，20 世纪 90 年代以后，梁庄村百分之八十的中青年劳力都开始出门到城市打工。一开始，大家都没有放地，遵循着一年两季回来收割庄稼的惯例。并非贪恋那点收成，而是一种习惯。不是种地的习惯，而是归家的习惯。种地只是表现形式。

随着在城市打工的收入越来越多，居住时间变得越来越长，梁庄的那点地逐渐成了“累赘”。种吧，太少，不值得回来一趟；不种吧，又还是自己的地，不想让它成荒地。这时候，大家采取的方法多是“望天收”，家里老人种着，麦种撒上、玉米点上，到成熟时，能收多少收多少，收多少都算是赚的，反正也不指望它什么。

2010 年左右，国家开始大力提倡农村土地集约化管理，鼓励大公司介入，政府补贴，并颁布相关政策；这样，既让农民有了收入，同时，集约管理后，土地利用率也会提高。在这样的政策下，又有公司开始进驻梁庄。

仍然是一亩地年租金六百元，连签五年。这是一家种中医药材的公司，药材名称为天南星。据说天南星非常吃地，一两年种植下来就能把土壤里面的营养吸收干净，要等好几年之后，地力才能慢慢恢复。这些传闻，在村里只是闲谈，没有谁去更多心疼这片地。这和自己种地完全不同。在整个童年、少年时代，我亲眼看到我的叔叔婶婶辈，极其小心地侍候那点地，每一年都要根据农作物的属性规划所种品种。如果今年种比较吃地的烟叶，明年就种其他不费地的农作物，让地歇一歇。

后来，梁庄人才发现，那些大公司其实也并不就是一心搞企业，而是热衷于拿补贴。当补贴少了，所种植的药材或农作物又没有足够高的利润时，经营就变得难以为继了。

2019 年下半年，外甥悄无声息。微信的家人群里不再晒卖单，也不再提“财富世家”房子的事情。疫情期间，我打电话问他情况，他说艾条还卖过一阵子，需求量倒是挺大，但赚不到什么钱。并且，疫情过去，就没什么销量了。

2020 年夏天，北岗的艾草野蛮生长。几百亩的艾草平铺在大地上，整个原野都散发着苦涩的清香味道。走近细看，艾草秆子瘦弱纤细、叶片枯黄，钩钩秧、刺角芽打着结在上面攀爬，一副放任自流的衰败形象。很显然，这里缺乏打理。这和三年前，政府流转项目开始实施、大公司承包时欣欣向荣的景象完全相反。

和村里人聊天，才知道，艾草热已经过去，早先种艾开厂的那些人赚了一大笔，后来跟风的那些厂家，赔得一塌糊涂。厂里压着货，地里长着艾，割也不是，不割也不是，只好任其生长。

至于梁庄人，目前最最担心的是租金由谁来给。这里面有一个新的情况。2015 年开始，地方政府进一步落实农村土地流转政策，梁庄村成为最早的试点。具体方案就是，由政府把梁庄村的地收上去，统一发放租金，政府负责评估、确定合适的公司和项目，把土地租出去。这样，等于是以政府的名义把土地流转出去，既保证农民的租金收入，又保证拥有经营权的公司有足够强的能力和足够好的项目，政府可以有效进行宏观调控。实践了一年之后，政府不再支持了，因为大公司经营不善，租金不能及时上缴，这边农民又追着要，政府压力非常大。和以往很多年来的结果一样，政府停下了这个项目，已经流转出去的，老百姓直接和经营公司交涉，但必须以村为单位。就梁庄而言，政府管了一年，第二年、第三年村委会去交涉，也要来了租金。但 2020 年的租金怎么办，以后怎么办，目前还没有办法。不过，梁庄人学聪明了。不管谁来游说，谁负责，以后，必须是先给钱，再种地。

“任凭你说得天花乱坠，不给钱，门儿都没有。”这是丰定的原话。

沿着吴镇的主公路开车，开到梁庄村的最北头，在那里右转，有一条通往田野深处和湍水河坡的窄路。路的尽头是梁庄的公墓，公墓依河坡的形状自然分布，坟墓高高低低，裸露在大地上。

这条很窄的黄土小路有一千多米长。路的左右两边都是庄稼地，左边延伸到梁庄村后，右边一直延伸到另一条下河的大路，约有四百亩地，梁庄每一户人家在这里都有自己的地。因在村庄北边，又有缓坡下沉，梁庄人称这片地为“北岗”。从整个地势来看，这块地位于湍水两岸高坡上，依着河岸的弧度逶迤而下，土质肥沃细腻，水分充足，适宜种植。

除了种地，北岗也是梁庄人最经常来的地方。每一家都有亲人埋在公墓里，每一家的孩子都要走这条路。那些长大后离开村庄到别处生活的人，隔一年两年或不管隔多久，回来的第一件事都是来到公墓给亲人上坟。不管在外地做多大的官，开多豪的车，到了路口，都得下车，提着重重的鞭炮、火纸，沿着路往深处走。年复一年，这条黄土小路被踩得密密实实、洁净坦平，即使下雨下雪，也不会泥泞满地。

十年前，河南省实行“村村通”工程，北岗地中间的那条黄土小路变为一条能并行通过一辆小汽车和一辆三轮车的水泥路。

夏天通往墓地的路野草疯长

一条大河波浪宽

2010 年，那条传说中的大河终于变为现实。

一条高高的水泥大河出现在遥远的天际线上，以肉眼可见的速度往前推进。围绕着梁庄村和周边村庄已经进行了两年多的丈量、拆迁、挖土、建堤等各种工程，终于有了实在的概念。

之前几年，有亲戚在淅川县的人回来报告，说因丹江口水库蓄水，淅川有一部分村庄要被淹没在水下，因此必须整体搬迁，移民到湖北等地，穰县北部也会接收一部分。当时，梁庄的年轻人还在笑，说，这破地方，淹了也好。但是那人说，他亲戚离开时全家哭声连天，后来，他亲戚两口子还不断回来，想在水库周边找个地方住下来。梁庄的老年人神色凝重，在他们的记忆中，还存留着 20 世纪 50 年代后期因建水库而整体搬迁所带来的伤痛。他们中一些人的亲戚多年流离失所，有的亲戚在异乡异地过得非常艰难，孩子被歧视、排斥。可以说，几辈人的命运都被改变了。

尽管如此，“丹江口水库”“南水北调”也只是个名词，对梁庄人的生活没有多大影响。

2011 年秋天，南水北调的渡槽在距离梁庄村一千米左右的地方开建，和东西流向的湍水交叠在一起，刚好呈十字架状。站在湍水河边仰头看，南水北调大河有两层楼那么高，粗大的水泥柱子直插入河底，牢牢嵌进大地深处。

据说单单这个渡槽就要花将近六亿元人民币。施工方在渡槽建了几个牌子，上面详细画出渡槽的结构、用途以及对整个工程的重要性，四里八乡的人都过来参观。那些从外地打工回来的年轻人也把这里作为景点，带着刚刚见面约会的伙伴，开着车，一边在一望无边的工地上兜风，一边谈论着这条河未来的走势。

巨大的力量就在眼前。大河如一头狮子，在陆地腹地一路掘进，辟开大地、村庄，所过之处，一切都发生了天翻地覆的变化。

“改天换地”不再只是一个说法，它就是一个现实。

地貌完全被改变了。穰县地处平原，坐在火车上，从北向南，进入南阳地界，便是一望无际的田野，村庄掩映在树林之中，大河平淌，河道往往低于地平线，偶有沟壑、缓坡，那高度，甚至都不能阻碍你看到天际处的树梢。但是，现在坐在火车上，你看到的是比火车更高的一个事物，两边几十米宽的护堤林簇拥着一条大河，浩浩荡荡，一路北上。而那些有渡槽、节口的地方，则有数条复杂的立交桥横贯于地平线之上。

平原上的一些村庄，原本是在广阔的田野之中，现在，却依附在桥下的空地里，低矮、渺小。而湍水，则在桥的另一边，看起来近在咫尺，却要走很远的路才能到达。当然，这只是变动中的感觉，是我们这些亲眼见到空间变化的人才能感受到的对比。

对于一个新生儿而言，没有渺小或低矮之说，这是他们与生俱来的现实，仍然是很美的风景。

尽管如此，人们并不怎么关心这条河本身。对于长年在家的梁庄人而言，最关心的是所占土地的赔偿问题。整个工程，占梁庄村的土地约一千五百亩，梁庄南坡、北坡、河坡地和槐树下，大约有三分之二的地被规划在里面。

梁庄村的田地大致分五处：北岗、槐树下、南坡、自留地，还有河坡地。其中，河坡地一直没有分配给村民，而是作为集体用地使用，所以通常没有被纳入村民的考虑范围。槐树下的地最为肥沃，北岗次之，南坡北坡因为是沙土地，相对贫瘠一些。这一次，只有北岗的田地完整无缺地保留了下来。其他三块地，要么土被挖走，作为南水北调大河河堤的垫土，要么直接成为大河的一部分。其中土被挖走的那部分地，政府承诺等大河完全建好，会再恢复地平，重新交还给梁庄村民。被大河占据的那一部分，则每年给村民租金。

这样一来，梁庄村民本就不多的可耕种土地被再次削减，除了北岗还能种地之外，其他几乎都成了工程用地和大河用地。不过，政府在赔偿方面的价格要比公司租种高得多。一亩地赔偿一千七百五十元，这和北岗的六百元租金相比，几乎多了两倍。并且，这一部分钱，由村民提供银行账号，国家直接拨付到户，中间不经任何机构。

南水北调大河在建的五年，国家一直按年拨付，钱直接打到个人卡上。2015 年，河建好了，水通上了，沿着河堤所辟的绿化带也已经绿树成荫。人们站在立交桥上，能看到河里平静又汹涌的流水，深绿湛蓝，清澈异常。这部分地却没人管了。地面上布满大坑，深浅不一，野草和灌木很快就在上面安营扎寨。

其实，即使回填推平，那些地基本上也很难再变成耕地。地被挖下去很深，最肥沃的那层土已经被取走，下面的基本上没什么养分。要想恢复，得过很多年。

对于梁庄村的村民而言，最迫切的问题不是地还能不能种，而是这部分地的钱谁来给？有关部门没有按照承诺平地，并且，因为已经不使用土地，也就不太愿意再支付这部分地的钱。

梁庄的几个村民曾经到乡政府去反映这一状况，没有得到反馈，就去县信访局问情况。可刚到信访局门口，就被拦了回来。乡政府派人过来说，并不是政府不想管，而是确实这大一笔钱支付不出来，让大家再等等。

2020 年夏天，这部分地的钱还欠两年没给。但是，好消息是，这里准备建成“三产融合国家级示范园”，有一家大型蔬菜公司正在和政府谈判，准备租下这片荒废了几年的地，种有机蔬菜。据消息灵通人士透露，很快，公司负责人就会派人来和梁庄村民谈具体合同。

“哈，也有人来村庄说，说把这些地干脆卖出去算了，既然现在国家允许土地流转。一亩地卖六七万，一家五口五亩地，下来就是几十万元，这几十万元在穰县县城可以买到不错的公寓房。”

龙叔和儿子梁安坐在公路边自家的院子里，泡着酽酽的浓茶，和我聊起这件事。

龙叔往地下啐口痰，接着说：“这些人肯定是不安好心。他在咱们村里说，没一个人理他。他还威胁说，到时要真是国家强行把地收了，那可是啥也没的了。他们到我这儿，我连坐都没让他们坐，一看就是坏人，是那种房地产公司的人，吓唬人的。我说，国家不可能那么不讲道理，经是好经，都是你们这些人念歪、念坏的。”

梁安说：“你说咱们这个地方，没啥资源，你指望啥让人回来？现在国家老提倡让人回乡就业。就说我回来这几年，有多难，清姐你可是一清二楚。可是，若要说把那一亩地永久性地卖给别人，别说我爹不同意，我也绝对不会同意。没个地，就没了依靠。人老几辈的地不能在我这儿断了，给我多少年钱也不会卖。我生意最失败时也没想过这个问题。你看咱们村里哪家会这样？那多少年都没回来过的，在外面做生意发财的，在大城市里买多少房的，也不卖。没有一家会卖，再穷也不可能卖地。再咋说，这是最后一个依靠。”

原野里的劳作者

河坡地

清晨六点钟，天色微亮。窗外街道上开始传来电动车、三轮车、货车等各种车的声音，人声也有些稠密了。

我和大姐从哥哥家出发，沿着内街往吴镇第二初中方向走。第二初中后面，有一条通往河坡的路，非常适合散步和慢跑。

路呈四十五度角往下倾斜，笔直、洁净，黄土沙路，即使下雨，也没有丝毫的泥泞。路两旁是近几年新栽的杨树，仍是幼树的状态，树叶疏朗，树干光滑。坡地里，荒草长得很高，叶茎互相缠绕，蓬出一片片空间，里面长着矮瘦的野草，仔细看时，能看到已经采摘过的豆角架、茄秧。这一块地离河道很远，水不够丰盛，沙子又多，颇为贫瘠。因此，地的主人从来都是漫不经心地种一些东西，靠天收，不指望从中得到什么。因为这漫不经心，竟有意外之美。夏天时候，坡上是鹅黄青绿的柳树，缓坡变为绿色地毯一样的秀美草地，平铺过去，左边到吴镇内街的那条白色垃圾带处，右边则一直延伸到地平线尽头。近几年，吴镇不断扩张面积，一些新盖的楼房延伸到缓坡之中，有人家在楼房四周种上花草，远远望去，红砖白墙，姹紫嫣红，也有别样的美。

一路轻快，下过缓坡，然后，就是长长的、平坦的路面。慢慢地，我们走进河道深处。洁白的沙土路纵横交错，巨大的芦苇丛随意生长，像卫兵一样，沿河分布。

十几年前提倡的杨树经济已经荡然无存。当年种的杨树被砍伐干净，沿路都是一些极幼小的树苗，稀稀拉拉地种在路的两旁，或在某片贫瘠的沙地里。梁庄的老支书清道曾经种有七八亩地的杨树，据他讲没有赚到多少钱：种树需要本钱，卖时却卖不到好价钱。但有一条好处就是，杨树经济为当年湍水生态的恢复做出了一定贡献。

梁庄的河坡地到底在哪儿，大部分村民都不太清楚，除非你像清道哥那样，租河坡地种杨树，才有可能有所了解。经过丰定的指点，我大致知道一些。顺着韩家立挺长老的宅基地望下去，约有二三十亩地的李子林，是村集体的河坡地，现在被韩立良租种。他的堂侄儿义生在盖那栋欧式别墅时，曾经想从韩立良那里高价把地租过来，被立良断然拒绝。然后，就是村南头砖瓦厂和顺着砖瓦厂下到河坡里的那些地，具体有多少亩，说不太清楚。现在，那里是灌木、槐树、构树和无数藤蔓的盘踞地。

从缓坡下去大约不到二里地，一栋简易房子出现在小树林里。房子前面用木板围一个院子，院子靠后地方放着一辆拖拉机和一辆货卡，院子正中央，鸡鸭纷飞。一对中年夫妇坐在院子里，专心致志地吃饭，没抬眼看正在朝里张望的我们。院子门口的那条黑色大狗一直朝我们狂吠，伸着脖子，似乎想挣脱铁链，扑向我们。

我们从房子旁边转到另一条路上，从方向上看，这条路应该直通到河边。

一大片桃林出现在路的一侧。桃子粉红嫩白，结满一树，桃林空隙的地方，间种着豆角、苋菜、西红柿等各种蔬菜。

路的尽头，一张一人多高的绿铁丝网挡住了去路，铁丝网的外面，河水正静静流淌。我们沿着铁丝网，横穿桃林，一边寻找通往河边的出口。

一直走有两三百米，我们看到另一端的铁丝网，呈九十度形状，把桃林围了起来。看来，从经过房子转进这条路起，我们就进入一个四方形的铁丝网围中了，那座房子，其实就是大门。

扒着铁丝网，我听了一会儿水哗哗流动的声音。灌木丛中，小鸟不时飞起，飞到站立在水中岛屿的白鸟旁边。那些身形修长的白鸟，在小小岛屿上闲庭信步，时而在空中滑翔，时而结伴贴着河面掠过。

我们又原路返回。

此时的河坡里，太阳已经升起，空气逐渐燥热，汗开始浸湿面颊。我心中的怒气也一点点上升，明明看到了河，明明走近了河，却无法走过去。是谁，给他们权力，让他们在这自由、宽广的河坡里割据而治？

那对中年夫妇正往这边走。

我走在前面，大声嚷嚷："谁家在河边装的铁丝网，也太不像话了！明明是公共的河坡，凭什么把它围起来，把一个个好端端的河坡搞得七零八落。"

那个中年男子听到我的嚷嚷，站住了，满眼不可思议地看着我，仿佛不相信那是从我口中说出来的话。

他说："你这个妹子说话也真有意思，我自己的桃园我不围起来，还等着你去偷桃子？"

我说："你种桃就种吧，你凭什么把它围起来，凭什么不让别人过，这河是你的？"

那男子说："不是我的还是你的？我租了十年，现在都第三年了，我才开始有点收成。咋了，你觉得赚钱是吧？你都没看见我难的时候是啥样子！"

那男子争红了脸，我也着急起来，说话开始变得结巴。

"那河是大家的，好端端，四通八达的，谁想咋走就咋走。你这把它圈起来，这算咋回事？河变成你私人的了？"

大姐喊着"咋了，咋了"，从后面急急赶上来。她拉住我，又去看对面的中年男子，突然扑哧笑起来，说："你是×××吧？我是梅子，咱俩高中同学啊。"

那男子仔细看了看大姐，也露出一丝笑容，说："可不是，是你啊，走，走，到家里喝口茶吧。"

他们边说边往前走，我远远听见大姐说："那是我妹子，刚从北京回来，啥也不懂得，脑子有点傻，你别和她一般见识。"

那男子说："也不是，主要是她说话太伤人了。你不知道为这个桃园，我和你嫂子命都泼上了。在这住三年了，都快赔死了，今年才算见个桃。我要是不围起来，那桃子能留下一个才怪呢。你说是不是？"

我在后面听到大姐的话，几乎要笑出来。可不就是傻吗？自以为是、自高自大，又懂得啥呢？

可还是心有不甘。

那宽阔无边的河坡，我曾经到处漫游，摸索过密林最深处的小道，躺在最厚实的蚂蚁草上看天空，踩过最清澈的小水洼和最绿的水草，也淋过最大最沉的雪花。那时候，没有归属的概念，虽然坡地里的花生地、西瓜地头都有小小的窝棚，但是，没有人用铁丝网把地围起来。花生地和西瓜地中间，野草和沙堆旁边，黄沙土路平坦光洁，任你行走。也许，那纵横交错的小路，数不清种类的野花、野草、野树，总昭示着某种自由，某种通向自由的河流的道路，而今，它被截断了，那条河，不再是能自由到达的地方，而变成遥远的、不可即的事物。

大姐和中年男人站在路边，聊起天来。

他早年一直和老婆在广州工厂打工，儿子成年后也在那里打工。前几年回来老家，一是觉得年龄大了，干不动了，终究要回来，不如早点回来，还能琢磨个事儿干干；二是儿子结婚后很快生了孩子，他们要为儿子带孩子，将来孩子上学也要在老家，不如早点回来，安安生生。他们两口子先是在吴镇开窝子面店，约一年时间，生意不好，就关门了。在小镇上做生意，老门店很重要，大家喜欢到熟悉的地方去吃，新开的，要是没新花样的话，基本上都开不成。于是，他又回到村里。他在周边打些零工：建筑工地搬砖，种植基地锄草，南水北调工程夯土，什么都干过。后来，一个偶然的机会，他听说河里的地可以租，可以种果树，就去镇上找相关人员，跑了好多圈儿，才租到地。地一租下来，开始种桃，才发现自己是进到一个陷阱里了。这不是他熟悉的领域。选桃树苗、嫁接、施肥，沙土地如何管理，他都两眼一抹黑，啥也不懂得。可是，地已经租了十年，硬着头皮，他也得继续干。他和老婆把家搬到河里，孙子送到外婆家，俩人长年在河里伺候这一二十亩桃林。

“你不知道我花了多少冤枉钱，上面的人要打点不说，还总有骗子来，说是这药好那药好，说是这肥料好那肥料好，都是骗钱的。今年倒好了，桃子结了一些，可是，疫情又没完了，工人找不来，桃子都烂到树上了，好不容易摘下些，贩子连个影都没见，往年这时候会来好多拨人。我见天早晨开着三轮车往镇上去卖，逢集在吴镇，背集到林镇。可光吴镇和林镇，根本消化不了这么些桃子，再说，人家也在卖。”

那男人张着手，滔滔不绝，说到激动处，双手交替挥舞着，好像眼前有无数蚊子在叮扰他。

我忍不住在一旁插话：“现在河坡里你这样的桃林多吗？”

他看了我一眼，好像在责怪我对他的处境没有丝毫关心，不耐烦地说：“谁像我那么傻干这出力不挣钱的活？”

我说：“早前像苹果园啊、李子园啊都是种在斜坡上，很少直接种到河道深处，那万一涨大水了怎么办？”

那男人瞪眼看我，不搭我的话。

我冲着愤怒的男人绽开笑脸，借此对刚才的粗鲁表示道歉。他没接我的笑，回过头继续和大姐说话。

我一个人慢慢走过房子，走回原来的路上，朝另一边的岔路走去。越往河道里走，越感到荒凉和杂乱。昔日巨人般的挖沙机被扔在空地上，任凭野藤攀爬和吞噬，旁边的沙堆高悬在平坦的河道里，这些沙堆是前几年疯狂采沙遗留下来的。如今，野草正在疯狂扎根，再过几年，沙土就会变成黄土，变成一个个城堡般的丘陵。它的存在本身就昭示着河的没落。

不会涨大水，不会把树淹死，不会把丰收的花生、西瓜冲走。都不会发生了。这几里地宽的河道，现在仅剩下十几米宽的水流。梁庄的人们，扛着长长的渔网，骑电动车要半个多小时才能看到水。当年那断翅一样扎在河里的水泥石桥，随着水位的持续下降，也裸露出了底部，那扭曲的、细细的钢筋向人们昭示着当年的豆腐渣工程。这还是在夏天，是汛期，是湍水水量最大的时刻。

但不管怎样，夏天的湍水，总算还有条主流，踩过鹅卵石滩，站在水边，朝远处看，还能生出些许河流滚滚、“逝者如斯夫”的感慨。那漫出的水填满一个个漩涡般的大坑，意外地，竟生成无数个小小的水洲。水洲上野花鲜艳，枝茎秀美。天上云彩和水草倒映在水中，一切都被幻化、虚化，那河中倒影，优美、和谐，它是真实的。如果一定要扯挖沙机破坏了河道的生态，甚至有孩子因此而丧命，似乎并不对头。并非一切事物都是对立的，并非伤害过的就不能形成新的美好。而从根本上讲，“三十年河东、三十年河西”，难道不正说明了自然的力量远大于人类的力量吗？短暂的破坏和没落之后，又有谁能保证这条河，湍水，不会蓄积更大的力量？

我还清楚地记得十几岁时的那个夏日傍晚。漫天黄沙飞舞，滚滚而来的大水在我们后面追赶，我和三个小伙伴手拉手，在河坡里舍命奔跑，没有人敢朝身后望一眼，没有人敢停下来。大水就要来了，就在我们身后，就像死神在后面追赶一样。

我现在还能听到那死神的呼吸声和脚步声。这是真实的。

陷入草地的挖沙机

湍水中的断桥

“人家”

栓子很帅。

2012 年的冬天，得知我又回梁庄采访，栓子扔下生意，开着他的越野车回到梁庄。他找到我，对我说：“梁姑，你就别自己开车了，这几天我做你的专职司机，你说上哪儿我就上哪儿。”

当时我看着栓子，非常吃惊，大叫着：“栓子，太帅了啊，你是咋长的啊？”

栓子摸着头，有点羞涩，说：“梁姑看你说的，一个农村娃，啥帅不帅的？”

栓子五官均匀，皮肤黝黑，身材瘦削，腰挺得笔直，穿着合体的夹克和牛仔裤，说话时面带微笑，非常绅士派头。如果不看他的手，就是一个典型的城市白领。他的手像戴着一个拳击手套，和他修长的身体放在一起，比例失衡到不协调的地步。他在葫芦岛的高速公路旁边开了一家校油泵的店铺，每天清洗油污，换机器零件，修车闸，换轮胎，什么活儿都干。那机油似乎也一层层地渗到了他皮肤深处，他的整个手都是黑腻色的，手指关节极为粗大。他让我看他的手掌，掌纹乱七八糟，密密麻麻，像是被刀子划到。他笑着说：“可不就是刀子划的，那机器零件一个个都很重，到处都是棱角，几乎每天都要被划伤。”

那几天我享受了专车的待遇。他一边开车，一边和我聊天：他说他买了十几本《中国在梁庄》送给村里的“权贵”；他说他最迷惑的就是身份的焦虑，他没办法通过自己的努力获得别人的尊重；他希望自己能被评“十大好青年”，好在社会空间里有一席之地。

那几天他给我聊得最多的就是“身份焦虑”，他不满足于只挣到钱，他想得到承认。他不喜欢那个“回不了乡进不了城”的说法，非常不喜欢，他讨厌这种套话，他也不喜欢那种悲情氛围。可实实在在的，他觉得迷惑，他不知道在哪儿能实现自己的价值。

在半开玩笑之中，我问他："如果村里选举村支书，你愿意参加吗？"

他斩钉截铁地回答："愿意。"他想回家乡干一番事业，他想为家乡贡献自己的力量。

在这之后，我陆续听说栓子租了一片河坡地，种上薄皮核桃，他给别人说，要是这个东西能在咱这儿长成，也算是一个重要经济作物了。毕竟，薄皮核桃在市场上越来越受欢迎。

2016 年年初，村支书韩治景和村会计被人告状，说是他们"公款私用"，就是把梁庄集体所有的钱——南水北调占地钱、河坡地的钱和国家的一些补贴——吃了喝了，还装自己口袋里了。乡里派审计来调查了好久，没查出大的问题，但是吃、喝、做假账肯定是难免的。其实，这是基层干部都心知肚明的事，不至于到治罪的地步。于是，韩治景被撤掉，选了韩天明顶替。

韩天明为人老实，玩不转这上上下下的。上面来人招待，各种政策文件，韩天明不会应酬，又没有本事拆东墙补西墙，一年不到，自己还倒贴进去了一些钱。

2016 年年底，韩天明撂了挑子，坚决不干，年都不过了，带着老婆出门打工。乡里没有办法，想着这样临时顶替也不是办法，就调查村里的年轻党员，从年轻党员里面选一个能干的，也愿意干的，这样最起码能坚持时间长一些。

一调查，才发现，农村党员的老龄化极为严重。以梁庄为例，两千多口人，六十岁以上的有十几个党员，五十岁左右的有四个，四十岁以下有五个，年轻人有五个，这五个主要是那些在外上学的大学生，他们在学校期间入党，指标会转回村里。在外打工的年轻人几乎没有入党的，除了栓子。

说来也很正常。农村的年轻人一下学就出去打工，对“党员”“村干部”没有任何概念。每年春节回来，老党员就被分配任务，动员打工回来的年轻人入党，每个村干部要完成两个指标，可是，都很难完成。春节就十几天时间，回来走亲访友，兼带相亲、办婚礼，一过完年，立马就又走了，哪有时间去听那些口号化的东西。至于参政议政的热情，则更是无从谈起。对于他们来说，梁庄虽然是自己的家，自己挣的钱也都投入家里的房子上面，心里也盼望着春节回来和大伙儿一起吃饭喝酒。可是，这终归还是暂居。毕竟，一年也就一两个月时间，钱不靠它挣，住也没住多久，谁当村支书，谁租了地，村后多了条大河，几里外多了一个化工厂，又有什么关系呢？那是“人家”那些人的事情，不是“我们”的事情。

村支书必须从党员中选举，那就只有栓子了。乡里就派人打电话给在葫芦岛干活的栓子，问他愿不愿意干。

2020 年夏天，坐在韩治景的河边农庄里，栓子对我说：“我心里当然愿意干了，我看不惯农村那风气，一定得改一改。可是，我是个白脖子，啥也不懂，再说，我这边还有生意，我不能丢了我的生意。我就说给我一个月时间，我考虑考虑。乡里说，半个月时间。半个月刚过，乡里又打过来电话，问考虑好了没？看来他们是真没有合适人选了。我就说好，那我干。我就开车回来了。我上任那天，乡里去了两个人坐镇，一个组织书记，一个包片书记，非常重视。当时，我也发表了就职演讲。”

“就职演讲？”这太新奇了，我问栓子内容还记得吗？

栓子说忘了，反正就是要好好干、为大家奉献自己的力量之类的话。栓子说那其实只是套话，谁都会讲，他真正想的是要干好几件事，让大家看看他的决心。

那半个月我一直在想，如果我回去了，肯定不能打个败仗走了。怎么才能改变村里乱的情况呢？我要通过干几样事改变老百姓不信任村干部的情况，改变对村干部不理解的状态。然后，带领群众致富。我上任后干的第一件事是修大队部。以前都在地头、在哪个空地，随随便便就把会开了，大队部的院子里长满了草。我就想，得有个仪式感，也得让村干部有个办公的地方。我就自己出钱，把大队部翻新一遍。第一次开会，我把梁庄的党员全部叫来，邀请乡里领导，隆重举行了一个入党宣誓仪式。也借此机会把自己的决心说了一遍。大家很高兴，党员第一次坐在桌子边开会，也是一种向心力的表现。第二，大力培养新党员。村支书必须从党员里选举出来，可是，一个村连党员都没几个，选举有啥意思，都是样式。我就想着，我也是在外打工的，有说服力，我要说服和我一样的梁庄年轻人积极入党，积极参政议政。梁庄是大家的。第三就是土地的事情。2018 年县里推行三权融合，土地的所有权、经营权和处置权都归农民，提高农民谈判能力，要实现土地流转。梁庄村是最早的一个试点。以政府名义进行土地流转，政府支付租金给老百姓，经营权给大公司。当时，做了很多工作，农民认识不清楚这里面的内容，得一家一家讲，还得和公司、政府打交道，但是，很有意思。一年过后，实践基本上算失败了，因为大公司经营不善，政府支付压力太大。所以，最后，已经流转的，以村为单位，老百姓直接和经营公司交涉，实际上就是村支书代表村民去要钱。这里面很难。村支书突然成要债的了，这对处理关系非常不利。因为这里面，往往还有政府的关系。你想，谁有勇气和政府的一些人员对着干啊？

栓子非常投入，讲到自己干的事情，真诚，洋溢着热情，主人翁感非常强。这是一种陌生的语言逻辑和语言情感，梁庄人极少有这种语气。我熟悉梁庄人的矛盾修辞，它一直是我心中的一个谜。

固然，梁庄是文哥、霞子妈、丰定的家，他们终生都在此生活，并且，大部分人的孩子也将要在此生活。但是，在谈到一些公共事务时，说到村支书、村会计，甚至哪怕是一个队的小组长，他们都会用“人家”来代替，像是“不知道人家是怎么想的”“都是人家上面的人管的”“人家都是有权有势的”之类的话语。这样说的人中不乏那些长期在城市工作且受过一定教育的年轻人。[1]

“人家”，这里面包含着几层意思。一是，大家把自己从公共事务中摘了出来。村庄垃圾、房屋改造、坑塘恢复等等之类的事情，都是“人家”要管的事情，和我们这些普通人没有关系。二是，自动臣服于某种权力。“你想盖房，那非得找人家不行。”“那南水北调的工程，肯定是人家承包了啊，人家有权有势的。”在这里，梁庄的村民认同了村干部高于自己并且因此得到很多便利的事实。

因此，在梁庄人意识深处，存在着两个梁庄。一个梁庄是自己的家，自己院子和院子以内的那片地，每个梁庄人都花了大价钱来打造、修建；还有一个梁庄是“人家”的、公共的梁庄，一个宏观的、不可撼动的梁庄，跟“个人”没有关系。因此，在路边盖房的时候，都尽可能把自己的地基往路边推，哪怕自己过车也不方便。

这样一来，“人家”以及和“人家”相关的那部分梁庄事务就变成大家一起聊天议论时的对象，而不是与自己相关的生活。那么，谁来当村支书，梁庄怎么发展，梁庄的集体用地到底多

---

1 2012 年在为《出梁庄记》做采访时，目睹了年轻人对村庄事务的漠不关心，他们所使用的词语甚至比父辈的还要古老。

少，北岗地是租还是不租，这些事就没有那么重要了。虽然，梁庄最后如何发展会涉及每个人的利益。

栓子肯定没意识到，他现在已经是“人家”行列里的人了。他已经站在了村庄所有人的对立面，当有事需要求他时，譬如要在村里盖新房，“那你不给人家个好处，是肯定不行的”；当有些事需要他出头时，譬如为村里要回租地的租金，“人家没好处会为你伸头？想哩美”。在说到栓子这三年到底干得如何时，大家相互看了一眼，干笑两声：“哈，啥咋样？成天都见不到人家一面。”

栓子还在葫芦岛干校油泵，村里有特殊事时就回去，一办完事立马就回葫芦岛。那也是没办法的事情。他不可能放弃这边的生意，他得指望这个养家，给儿子挣大学学费。再说，经过这么多年经营，他终于有所发展，买了几辆大车，做起了租车业务。校油泵挣的是辛苦钱，每天一身油污，这些年，发动机更新很快，传统的校油泵技术无法应对新的问题，如果不学习新的技术，就无法在这行干下去。当年，穰县出去修校油泵的人几乎占据全国校油泵市场的百分之七十，为穰县的打工者立下汗马功劳。现在，这里面的大部分人都转行了，尤其是一些文化水平很低、早年完全靠当学徒出来的人。

干了这个才知道，政府不容易。是真不容易。村里也不容易。

我也给你算算经济账。咱们村，一年办公经费才两万五千元，各级压下来的报刊杂志，上面检查的人来吃饭，有时候哪项工作没完成还要罚款，加下来，这两万五千元还不够塞塞牙缝。还有村委七个人的工资。一人几百块钱，不多吧，加起来也是一笔支出。咱们的河坡地现在有六七百亩，修祠堂，占了一百多亩，现在还有五百多亩，一年有十五万元的收入。这钱也是寅吃卯粮。上面的扶贫干部来给咱们要了条路，四米宽，咱修了五米宽，扒了五六座房子，形成了村里的中心路，最后咱们村里贴了二十多万。我索性又筹措了一部分钱，在村里安了路灯。你不知道，刚安路灯时村里人多高兴啊，老几辈人都是黑灯瞎火地走路，现在，晚上也有个亮，方便太多了。有了才知道没有是多不方便。可是，现在还欠人家外面一堆钱，我也正发愁呢。现在，我可算明白清道叔当年在愁啥了。当时还想着，你天天有肉吃有酒喝，你还在那诉啥苦呢。2018 年，咱穰县又成立了一个环卫公司，一个村一个工人，政府发工资。[1]每天拉走一次。村里环境好多了，可拉到哪儿去，填埋到哪儿了，谁也说不清楚。前几年咱河里那个垃圾填埋厂不是塌了吗？后来也不知建哪儿了。

1　根据 2020 年政府工作人员提供的资料，穰县提倡科学推进农村生活垃圾治理，采取城乡环卫一体化运作模式，由县政府出资改善农村环境卫生状况。另外还全力推进农村户厕无害化改造工作，截至 2019 年，六万户农村户厕改造任务已完成。

我让栓子把村里的债务仔细算一下，看到底都是哪方面的，为啥欠的。

那就多了去了。原来每年都要交计划生育费，一年好几万，交不出啊，都是村干部自己垫的，或找民间贷款贷的钱，这叫私贷村用。多少村干部为这都快家破人亡了。贷款不还，利息要还啊，利滚利，都在个人头上，叫谁谁都疯啊。现在好了，计划生育费不用交了，也是去年才开始不交的。这是大头。再加上其他杂七杂八的钱，现在梁庄村的外债有二十多万。我天天想着也发愁。现在吃喝招待是少多了，可是，有时候都晌午头了，人家还在忙，你能让人家走？有的感觉他们根本都不想走，就想下来喝点酒，吃个饭，你也不能不管啊，谁都不能得罪。

要说现在农村政策是真好。你看，补贴很多。养殖业补贴，还是专款专用，谁也不能从中截留。粮食补贴，一亩地一百元左右。国家这两年开始大力扶贫，六十岁以上就能享受养老保险，八十岁以上五十元，一百岁以上一个月补三百。虽然少，但总是个开始。扶贫政策非常多，要求大家要帮助到位，不能走形式。房子不好，帮助盖房；就业不好，帮助就业，就差喂到嘴里，可不争气的人还是不争气。有时候觉得白为他们费那么些事干吗，有些人根本就是懒家伙。像许家亮，房子歪歪斜斜，快塌了，政府给他出钱，把房子修好。他是孤寡老人，就给他发五保金，一个月五百元，吃药、看病都不掏钱。他有个头疼脑热，就说自己生病了，要去医院。打个电话，医院就（有人）过来，高接远送。那医院也不是积极行善，而是多个病人，就能套取新农合的资金[1]。所以，现

1 新农合：新型农村合作医疗保险。2003年开始实施，是国家一项非常重要的惠民政策。我采访了一位在新农合工作了十几年的工作人员，他对其中的问题非常熟悉，因此就有了以下的话：

“刚开始，人们没意识到保险的重要性，农民交钱少、受益部分少，参合率不高。随着受益面的增加，农民参保意识越来越强。但是，交的钱也越来越多，从一人一年10块，到一人一年280块，因此出现很多问题。这一问题不单单是农民看病的问题，还涉及整个医疗系统的可持续发展问题。譬如农民交钱之后，会无形中放大自己的疾病意识，医院也不加劝阻，这样，使用的资金越来越多，本来是为那些因病致贫、因病返贫的人服务的，变成为普遍的人服务了。现在，甚至一个咳嗽都要去检查核磁。这样，医院的接诊率高了，就可以运转起来。这时，就开始有人钻空子。尤其是乡村医生，有一段时间，骑摩托、租车下乡拉病人，不管什么病，都接到医院，当养生治疗。钱就这样流失了。当时，一些乡村卫生院基本上发不下来工资，有了新农合之后，也能发下来了。其实，就是这部分回留下来的病人。对民营医院而言（参加定点合作医院的话），一个医院住的都是亲戚，他大叔他二姨都在医院，都是去个车来看病，都可以从中套取资金。

“县城的公立医院，在2003年以前，阑尾炎手术一般花费800块就可以，新农合之后，2000块都治不好。农民过度紧张，医生过度治疗，增加检查项目，开特效药，是病不是病都要住院，也属于过度消耗。新农合对医院的总体经营影响很大。原来医院是赚钱的，现在也不好赚了。医院每年预支了很多新农合的钱，像县医院累积了几千万，都报销不出来，只能根据每年的花销，花7000万，给1000多万，就这样，寅吃卯粮，反正过几年院长就走了，谁也管不了。其实，也是破坏了医院的正常经营。现在，国家正在出台各种政策，不断去纠正，但是，都有漏洞。

“现在的政策是这样，把以前家庭账户上的钱全部回收过来，变成一种统筹形式，看病时返还给农民。农民看不见钱，心里有些怀疑，所以有些人不愿意交。首先都觉得自己是个健康的个体，觉得不会生病，然后觉得账上看不见钱了，不舒服。一个人280元，一家四口得交1120元，也是一笔大支出，相当于两亩地的收入没有了。有些人就有侥幸心理，或许我今年不生病呢，就不愿意交了。现在是小孩上学，必须拿着新农合交的

在人们都说，“贫困户变成光棍户，手上多个金镯子”，一到医院，说我是贫困户，就一路绿灯，各方面都得优先。昆生[1]你还记得吧？他的俩女儿都出嫁了，老婆也死可多年了，现在，也成了五保户。原来一直住在队里的炕烟房里，前年，政府给他盖了两间房，还是在村西头，离村里可远。这是他自己要求的，他不想住在人群里，大家都尊重他。有时候我从那儿过，看见他戴着眼镜，在看古书。也不知道从哪儿来的书。

那个条才让上学。国家又特意成立了医保局，目的是更好监督新农合的资金，控制资金透支风险。实行‘四加七’药品采购，等于是国家替医院统一去跟厂家谈判，以降低价格，减轻农民负担。这总体是好事。

“政策是好政策，但是，根据以往的经验，人们都不信任，等于是又把权力控制在某个位置，那些人得利，又变成个别部门获利的手段。过去的经验是不招标是 5 元钱，一招标变成 10 元，反而更加不公平。以咱小民的心理，那肯定是有要人吃回扣的，那么大的单子。制药厂肯定要攻关。这样，医生就没有任何其他收入，基本工资又很低。原来，国家默认医生和医院有这部分灰色收入，现在，这部分没有了，那医生的工资怎么办？还有大批护士、管理人员，都是从这里面出的，就是所谓的‘自收自支编’。这也得认真考虑。国家也提出来‘药品零差价’和‘提高医疗服务价格’，用于医院正常运营和工资支出。事实上，医疗服务提高的利润部分与原来药品加价部分相比，差得很远，医院还是会产生很大问题。

“其实，到最后，一是制度，二是人心。人心也很重要。新农合是近十几年来非常重要的农村政策。农民普遍受益，但也滋生了很多系统性问题。有农民来找我们报销，言谈中很不理解：‘说是为农民考虑，药品降价，可是交的保险钱却越来越多，报销比例也没有提高，还说不够用，这是啥原因？还又成立专门机构来管，动那么大事烦儿。这说啥也想不通。’”

2　昆生：带着两个女儿和老婆在梁庄公墓后面开荒盖棚，住了好多年。

我问栓子，那你感觉能实现你当初的理想吗？

栓子低头笑了笑，说：“那是长期目标。当年我也是读过书的人，记得当时有一本杂志叫《辽宁青年》，里面有一些新闻、时政，看着可激动，那时候我就想着有一天我也要从政。后来，我又读小说，《小小说月刊》、金庸、古龙，我也都读过。我是冲着一个理想去，真是不撞南墙绝不回头。我都想了，过几年租车业务稳定了，我就回来，长住下来，我得找个大事，带领大家去干。”

在和栓子聊天过程中，我得知，二月份，栓子参加了一个非常重要的考试：“村支书公务员考试”，就是让村支书也有上升渠道，通过考试的人，可以进入公务员行列，再统一分配工作。这是国家为鼓励青年返乡，振兴乡村而颁布的新政策。录取比例3:1，四十五岁以下的村支书都可以参加。2020 年，全穰县所有村支书中符合条件的只有十二个人。

“我就是考着玩儿，能考上当然好，谁不想当公务员啊？可是，一看那题，我都蒙了，太难了，估计能考过的没几个，简直就是坑人。不过，终究是个念想。那 ××× 不也考过了吗？现在天天在城里，穿着毛领大衣，拽得不像样子。他都能过，我凭啥过不了？”

栓子的语气激昂起来。与几年前的迷茫相比，栓子神采奕奕，目光坚定。

第四章 回乡

到了当年冬天，他住的院子里，两棵柿子树的叶子全落了，只剩下一树红滴溜溜的柿子，特别好看。他突然想家了。梁庄家里的院子里也有这样一棵柿子树，是建房那年，他和父亲一起栽的。

那时候，他起了回家的念头。

中邪

2014年，梁安离开北京顺义牛栏山镇姚庄村，回到梁庄。这一年，他二十七岁。他十四岁去北京，在北京待了十三年。

回来的原因非常复杂，其中最主要的一个原因就是，梁安觉得自己病了。

两年前，梁安接了甘家口百货的一个装修活儿，七千多平米，是个大工程，他第一次接到这样大的活。梁安非常用心，每天起早摸黑，一心一意干活。主体工程在规定时间完毕，顶也终于吊完，可是，问题出来了。那些租用的商家都要在顶上开灯孔，梁安没经验，做工程时没预留太多，大家就把灯孔开在龙骨上，多了之后，顶塌了，还得再做一遍。

到最后，算下来，梁安不但没赚，还要赔二十几万。

他想不通。有一段时间，他也不出去拉活了，就坐在院子里几棵柿子树下，一天到晚发呆。晚上也睡不着。他脑子里只有一个念头："反正已经欠这么多钱了，不如死了算了。"

他在脑子里琢磨各种死法，跳河、上吊、服毒，每种死法都不完美。他的小女儿刚刚满月，他不能吓住她，儿子点点虽然才三岁，可也好像明白什么，一从幼儿园回来就趴在他腿上，一会儿让他拿这个，一会儿让他做那个。

有一天晚上，他刚刚入睡，感觉自己正沉入一个湖里，突然听到有个声音在叫他，他腾地从床上坐起来，睁开眼，什么人也没有。梁安心慌得厉害，觉得自己是被拉到阎王爷那儿走过一趟，又被送了回来。

失眠、心悸、情绪低落，这样的情况持续了三个月，梁安实在受不住了，回到穰县，找熟人到医院看病。医生诊断说，你这是得了抑郁症，最起码也是抑郁倾向。

那是梁安第一次听说这个名称。他没有告诉龙叔龙婶，也没有告诉老婆小丽，他只觉得丢人。他怎么能得上这个病？一个出来打工的农民，得上了这个说不出口的病。

这时，龙叔从北京打来电话，告诉他，他一直跟着干的东北老板给他找来新活了，并且，那个老板愿意先给他五万元让他还债。梁安又赶紧返回北京。医生开的药他没买，而是买了一些安定。他想先保证自己睡觉。

回北京，立即投入干活还债的劳动中。不管大活小活，梁安都接，有些日结的活儿，当天结，他当天还人家。

可是，一闲下来，他的心就慌起来，胃也一直疼。他一边吃饭，一边斜着身子，拿拳头顶住心脏部位和胃部，他觉得它们随时都要跳出来。

到了当年冬天。他住的院子里，两棵柿子树的叶子全落了，只剩下一树红滴溜溜的柿子，特别好看。他突然想家了。梁庄家里的院子里也有这样一棵柿子树，是建房那年，他和父亲一起栽的。

那时候，他起了回家的念头。

那年春节，龙叔龙婶把姚庄村的东西收拾了一遍，把七人坐的长安车里塞得满满当当，能拆的、能装的、能塞的，都带回梁庄。

过完春节，梁安一个人回到北京，继续还债。

来年六七月份，梁安欠的债全部还完。

那一年，龙婶看着儿子的各种行为，认为儿子是中了邪，有啥东西缠住他了。回家之后，她跑到灵山烧香拜佛，跪在佛祖面前，说要是儿子好了，她一定来还愿，到时捐一千元。

她又请人到家看，趁梁安不在家，偷偷做一场法事，要把跟着梁安的鬼赶跑。

梁安每隔一天就往穰县县城跑，说是去看门店。他准备在穰县开一家装修店，想找一个合适的地方租下来当店面。他确实看店了，但实际上，更多时间是在医院。他没告诉家里人。

医生说他的抑郁症比去年更严重一些，必须吃药。梁安把药带在身上，一般看四周没人时，才把药吃下去。

梁安看中了一个门面，在穰县的中心地带，年租两万多，不算贵。经过简单装修之后，“梁安装修灯饰店”开张了。

开了近两年，店面本身没有谈成任何生意。倒是韩家的义生找到梁安，说村东头的房子快盖好了，想找他装修。梁安早就知道义生在盖房，他去了工地好几次，都没遇到义生，但看那架势，看义生用的材料，他明白，义生这是在烧钱哩。

义生带着梁安到安阳，他在那里开了好几家眼镜连锁店，市区有公寓房、联排小别墅，郊区也有好几套别墅。义生安排梁安到好几个别墅区去参观，又在他家别墅住下，商量着梁庄的房子该怎么装修，院子怎么规划，屋内什么风格。

梁安说，到安阳才知道，人家义生不是说只是发财了，人家的生活品位不知道要比咱高出多少倍。

梁安把穰县的店退了，算了算，快两年时间，前后赔了八九万块钱。

他开始装修义生的房子。在看到房子的用料和规模之后，梁安就明白，这是他的机会。这个房子一定会成为四里八乡参观的对象，口口相传所产生的效果，是多少钱的广告也不能达到的。

梁安跑遍南阳和郑州的装修市场，大到家具、墙漆、灯饰，小到一根电线、一个电插板，他都亲自去挑，一家家比较，选好，让义生再过一遍眼。义生不怕花钱，梁安偏偏告诉他，钱有时候不见得能找来好东西。这样，义生就越发信任他。半年下来，那栋豪华大屋从里到外，崭新时尚，立在了梁庄村头。

梁安完全忘了他什么时候开始不吃药了，他太忙了。室内装修琐碎繁重，靠的全是仔细耐心，脑子得同时有上百件事，少埋一根线，少留一个插孔，都后患无穷。他开着他的金杯车，往返于梁庄—穰县—南阳—郑州，选货、买货、拉货，回来再监督施工、安装。

所有的保洁完成，所有的家具、装饰各安其位，整栋房子洁净温暖、完完整整。梁安站在最高那层的阳台上，看着河坡，吹着凉风，他觉得，自己的病完全好了。

他在吴镇最新开发的小区“帝景豪宅”租了一个底商，“梁安装修灯饰店”重新开张。小丽带着儿子和女儿，照顾他们上学，兼看店面。如他所预期的，找他的人越来越多，越是好的房子，越是要辗转找到他，指名要他装修。在疫情最严重的那段时间，别的装修店都关门倒闭，他还保持着手头两个装修工程的量。

梁安小时候的绰号叫“黑娃儿”，因为他脸很黑，又经常戴一个黑方框眼镜，看起来就像淹在一团黑里面。

我们坐在他家的院子里聊天。深秋萧瑟，他裹紧身上的薄羽绒服，腰习惯性地弯着，双臂交叉护胸，拳头按压着心脏和胃的部位，好像还在担心它们会跳出来。

他说话很慢，非常非常慢，好像每一个字都是经过深思熟虑的。他说，他做得最对的事情，就是回来。在家里，哪怕一年比在北京少挣三分之二，也很值得，主要是感觉好，很踏实、很安定。

他给我讲了2019年差点拿到手的一个大项目，语气颇为遗憾，但又有一种淡然。他觉得那终究不是给他这样的人的，想多也只是奢望，没有意义。一个朋友从河北回来，说雄安新区那边一个县改造城区，盖了很多楼房，楼房需要简装，正在招标。梁安开着车，拉着朋友，开了十三个小时，到那个县城去了解这一情况。确实有这么一个大项目，并且，因为那边竞争太激烈，房地产商还倾向于给外地的装修公司。

梁安拿着预算方案，去和人家谈判。对方说，这个项目是政府出资，资金有保证，你就只管干。梁安心里很是喜悦。

再谈下去，对方说，政府先出资一半，这一半钱要分三批给，第一批是工程开始时给，第二批到工程百分之七十时再给，第三批是结项，再付款。至于另外百分之五十，要等一等，看工程质量的情况。

梁安在心里悄悄算笔账，按目前的预算，政府先给那百分之五十中的一半，自己至少需要垫付一千多万元。

别说一千多万，就是几十万，梁安也没有。

第三天，梁安开车返回梁庄。在家睡了两天，接着干装修活儿。

“你知道吗？清姐，我去那个县是山里面的，我开着车，走盘山公路，盘啊盘啊，不知道盘多长时间，县城就在山窝里面。当时我就想，我要是在这儿干工程，咋死都不一定知道。干不成也是命定的。那些活儿，看着是活儿，其实跟咱没关系。”

梁安扶了扶眼镜。他的面容始终不展，即使笑，也是咧开一半，就凝固在那里。就像那团黑一样，他心里还有郁结。

我们在一旁聊天，龙婶在一旁静静听，当听到梁安在口袋里装着药，自己一个人偷偷吃时，她轻轻感叹：“妈天爷啊，你也不给我们说，都不知道你还吃药，那有啥用，啥抑郁症，还不是我天天去求，求佛保佑你，你才好的。”

龙婶对我说：“你是不知道，那年他从北京回来，瘦得跟个鬼似的，头发多长，胡子拉碴，坐在那儿，黑着脸，一句话不说，似笑非笑的，看着吓人。我给你龙叔说，他肯定是中邪了。我就天天到灵山去求。人家说，梁安人家背着鬼呢，能不累吗？我请人做法事驱鬼，这梁安才好。”

一次聚会

红星给毅志打电话说，趁着万敏从广州回来，大家一起到内乡县文彦家喝一次酒，他带酒。这样，既给万敏接了风，也见了文彦。毅志明白红星的意思，就是文彦摆场，红星拿酒。红星现在正在卖酒，逢人就推销他的酒。

于是，11 月 1 日，一个星期天，红星、毅志、蓝伟、在吴镇乡下教书的金明，加上万敏，一行人，各自又带着老婆，开三辆车，浩浩荡荡往内乡去。

走之前，万敏对红星说："我现在不能喝酒，今天我负责开车，你尽管喝。"

红星说："好，今天你就当秘书。"

在路上，红星说："这个酒不错，你要是在穰县开店，可以做代理。"

万敏说："行。"

一群高中同学，热热闹闹地开到了文彦家。文彦在内乡县卖液化气，二十多年后，买了两套别墅、一套公寓房、两间大门面房，市值几百万。文彦自己每天仍然扛着液化气，在内乡县无数楼房里上上下下，非常勤劳。

文彦把大家请到内乡县最好的宾馆，开个包间，一群人说着往日趣事，喝着大酒，特别开心。

万敏没有喝酒，就专职服务大家。一会儿给大家倒茶，一会儿负责叫菜，话也不多，笑笑的，也不多插话。大家说起当年万敏在篮球场和田径场雄霸四方的景象，都感慨着时间过得太快，转眼都是五十出头的人了。

酒过半程，大家越喝越嗨，一瓶酒打开，感觉还没喝就完了。红星就让万敏再去车里拿酒。万敏正在帮助服务员放盘子，一听红星说，把盘子往桌子上一堆，就转身出去。

红星指着万敏说："就这跑哩可快，像你这种人，以前都是个马夫，上不了桌，不是你的酒，你跑得可快。"

大家都听到了，一时间不知道说什么。空气稍微停顿了一下，但很快，一阵更大的哄笑声响起来。

万敏也没说什么。拿着车钥匙，下楼去，提两瓶酒上来。

一会儿，红星又说："哟，衣服放在车上了，有点凉啊。"

万敏又下去把衣服拿上来，披到红星身上，半开玩笑似的，拍拍他的肩。红星把肩膀抖抖，像要把万敏的手抖掉。

吃完喝完，下午四点多钟，大家回到毅志家。

毅志泡上茶，拿出牌，红星、金明、蓝伟、毅志，几个人一起打斗地主。毅志和红星都喝多了，出牌嚣张，蓝伟打牌本来爱说话，喝了一点酒就更爱说话了——一会儿说自己天牌，一会儿说这个地主必须让他打，有时把牌拉出来，最后又不出，然后又想出，等等之类的。红星边打边骂，说蓝伟你啥时能混成人，就你出牌这样子，啥也弄球不成。蓝伟说，打牌嘛不就是娱乐，红星说娱乐啥，不要就过，别球啰唆。然后，又对金明说，咱们这一群老同学，你看看，都是啥人。你在乡下教书，见他们少，就他们的球样，都不想和他们玩。金明性格内向，脸涨得通红，一句话也说不出来。牌打一半，蓝伟的脸实在挂不住，说中午酒喝多了，不打了，到楼上睡觉去了。金明说自己要回家，也走了。

万敏一直在旁边看牌，无论红星怎么说，他都不插话。

晚上在毅志家吃饭，万敏仍然不喝酒，说晚上我要开车。

喝到一半时，红星喊着万敏，说："万敏，今晚不走了，就住毅志家，都喝，一定要喝。"

万敏说："我不能喝，晚上得有人开车。"

红星说："喝，你必须得喝。谁不喝谁是王八。"

万敏说："那我要是喝了，晚上就真的不走了啊。车我也不管了。"

红星说："不走了，走球不走，谁也不准走。"

于是，万敏也喝了几杯。

正喝着，红星说："万敏，把车钥匙给我。"

万敏把钥匙给他。

红星接住钥匙，说："万敏啊，我说你啊，你就是个驴。"

大家停住了话，看着红星。

红星说："我这酒就是叫驴喝，也比叫你喝强。"

停了好一会儿，万敏说：“红星，你啥意思。”

红星瞪着眼睛看万敏，说：“你就是驴，又穷又犟的驴。咋了？”

万敏说：“你把你话再说一遍，叫大家都听听。我不喝，你非让我喝，喝完了，你说这样的话。”

说完，万敏到院子里去。大姐跟了出来。万敏非常生气，对大姐说：“我没吃谁、没喝谁，你有钱是你的，我没花你一分钱，没借你一分钱，你这啥意思。我就是穷死，也轮不着你来看不起我。”

毅志从厨房出来，不知道发生了什么事，看万敏气哼哼的样子，也发牢骚说：“算了算了，啥也不说了，就你好，就你好。”

大姐说：“毅志，你知道个啥？你要是这样，我以后就不登你家门，永远看不起你。红星就有点钱，你们这一群人就这样被他羞辱？”

毅志说：“咋了，咋了？我不知道啥情况。”

大姐说：“你不知道啥情况就来说万敏，你咋不说红星呢？咋，红星给你啥好处了？他有钱让你花了？”

毅志一脸懵懂，进屋去了。

大姐扭过身劝万敏，说：“别生气了，那个人都不像个人了，别和他一般见识，以后再说。”

万敏说：“没有以后了。同学之间，只是个感情，不想撕破脸。没这个感情，谁会忍受他？”

那天，毅志的姐妹们前所未有地一致，逼着毅志，问他红星到底是不是平时就这样对他们。毅志说，那人就是比较张扬。姐妹们说，你要是也那样对待万敏，对待你其他同学，我们就和你绝交。毅志的小妹加一句说，这不是说着玩的，是真的，真要这样，那说明我哥也堕落得不像样子了，那就不是我哥了。毅志说，我一开始不明白那个情形，平时万敏脾气也暴，想和个稀泥，不是看不起万敏，以后再不和红星打交道了，这人太过分了。

毅志的姐妹们这才放过他。

一星期后，我从北京回来，大家争相对我讲起那天发生的事，互相补充细节，都认为那天万敏始终比较得体，没有和红星撕破脸，也没让大家难堪。反而是红星，一逼再逼，让人下不来台。

大家都说红星喝醉酒就不像人样了。

大姐说："他那哪是喝醉了，要是万敏是个镇长、县长，他会那样说吗？他骨子里是看不起万敏的，该说万敏落魄了。这些年，毅志的这些同学哪个不被他讽刺、羞辱？一直都是高高在上，随意吹嘘自己，觉得自己挣个钱，是个伟大人物了。真不知道毅志咋能和他玩这么多年？"

大家都点头称是。

自2012年到东莞虎门找过万敏之后，已经过去八年了，我们一直没有见过。其间，我们仅通过几次电话，都是因为万敏做生意的钱周转不开，让我暂时周转给他，还要给利息。当时，我一方面非常生气，觉得同学之间怎么能算利息，但万敏告诉我这是基本规矩，做生意都得这样。另一方面，我又非常担心，万敏的生意究竟如何，竟然只是几万几万地借，他那么大的生意，不，那么大的“事业”，这几万块钱又能起什么作用呢？我问他时，他用他一贯的大男子主义语气说，你不懂，你就别管了。

钱都如期还了，还加了点利息。再后来，就联系得很少了。江湖上只是零星传来他的消息，无胜于有，没有人再关注他。

2019年春节，万敏又回到了穰县，这次是实实在在的消息。他带着几筐榴梿和杧果从广州回来，给大姐、二姐、三姐和毅志家，挨家送了一个大榴梿。大姐一边感叹着说是好东西啊，她去过南方，知道这个东西贵，一边又捂着鼻子，打电话给二姐和三姐，让她们过来拿走。二姐和三姐也正看着那个大榴梿发愁，谁也不过来。毅志干脆直接送去给楼下一家，那家人在南方待过，吃这东西。大姐知道了，直骂他败家，说那么大一个，算下来得两百多块钱呢。毅志说你说得可美，你可吃啊。大家又把万敏取笑了一番，说这么多年过去了，还是那个不通世故、莫名憨直的万敏，在外面也不知道是咋混的。

这次万敏回来，和另外两个合伙人一起，开了一家室内装修店，主要经营硅藻泥和艺术墙漆。两个合伙人各投资五万，他拿技术干股，负责日常经营。所有认识的人都认为这个生意不行，穰县搞装修的太多了，大部分从外面回来的人都要做这个事儿，成功的很少。

照例，万敏一意孤行。加盟费、租门店、装修、上样板漆，前前后后折腾了两个月时间，花费约莫八万，又添置了一些日常用品，请一个日常看店的招待员。这样下来，投入的钱基本花完，只留下一个干干的店面。

从六月份开店，到十一月份我回去那一天，店一直没有开张。

店面的位置一般，在穰县出城那条街的最边缘，另一边是一个大型的施工工地，正发出巨大的噪声。店里装修得还颇为讲究。硅藻泥的样板墙华丽、洁净，颜色各异，还有手工艺术装饰，淡灰微蓝，上面有手拍出的树叶、雪花，看起来时尚、高雅，又有质感。

万敏说："硅藻泥主要是环保，是用海藻的尸体做出来的，不含甲醛，它是已经死亡的微生物，透气，没有任何味道。在广州，人们都用这个。"

大姐说："好肯定是好。你得符合本地人的消费。这个硅藻泥一平米应该很贵吧？"

万敏说：“贵也不贵，稍好的得七八十块，比一般的要贵二三十块。”

大姐说：“你可别说，二三十块可不得了，穰县人刚刚有装修观念，但还舍不得花钱，你让他在墙上多花这么多，那他们肯定不愿意。”

万敏说：“也是。所以也有人谈，同学朋友介绍来的客户，一说，不看东西好坏，就往下压价格，连个本钱都不给留。”

门店左边迎面一个大的艺术墙漆，上面喷着迎客松图案，看起来素雅漂亮。绕到后边，是一个喝茶的空间。绿植、茶具、文房四宝，布置得挺有味道。

看着倒茶的万敏，他脸上落寞但又倔强的表情，想起大姐们讲的红星对待万敏的态度，我突然感觉有点伤心。曾经多孤傲的一个人啊。高中时代，在吴镇高中的操场上驰骋，一米八五的个子，打得一手好篮球，长跑、短跑、跳远、跳高，样样拿得出手。多少女孩子围在操场边大呼小叫，万敏从来目不斜视。他要考上大学，走出那个封闭的村庄和那个贫穷的家。也因为高傲和出言不逊，高三时，他和一位老师的孩子打了一架，被学校开除。一怒之下，万敏带着仰慕他已久的女孩子，到广州打工。自此，开始新生活。

2012 年在虎门时，他带着我到东莞批发市场进货，让我看他左右颜色不同的手臂，得意地说，那是太阳晒的；让我看他凌乱但却充盈的服装厂，工人坐在机器后面忙碌；让我看他电脑里去汶川送物资时的照片，仍然是多么意气风发的一个人啊。

现在的万敏，确实非常安静。有点太安静了。

“你可能不知道，你去那年是我唯一挣到钱的年份。那是我干服装厂的第二年，第一年我把开服装批发挣的一百多万全投进去，一分不剩。你想，咱是从零开始，真正是连个针头线脑都得买。后来，又把批发部的所有货底全部清仓，把那几个店转给别人，弄一笔钱，又投进去。我最大的教训就是没有技术人员，缺人才。那年你去时的那个设计师姑娘，非常能干，第二年人家就走了，夫妻俩自己开个厂，人家赚钱了。我自己也想学，但是太难了，需要专业知识，另外，没那个眼光，根本都达不到。设计师是年年换，有时一年换俩，非常影响生意。要说，我这个厂倒闭和金融危机还有别人都没任何关系，就是人才跟不上。你嫂子为啥不埋怨我，我是一心一意在做，把命都拼上了，我能想的好办法都用了，但它不成功，我也没办法。那年你去，我带你去的做绣花的兄弟俩也倒闭了。他规模太小，大单他们做不了，小单又不赚钱。还有另外一家，和我一样，也是没技术，也倒了。倒了就倒了，又有新的厂开起来，前仆后继，没人理你的。”

“那为啥不早点收手？”

“你看你万敏哥是收手的人吗？不撞南墙绝不回头。做生意就像赌博，啥时候钱赔不完，啥时候都不会收手。和赌博一样，也讲天时地利人和，缺一不可。在东莞、虎门，市场还是太小。那时候眼界也就那么大。这和你聪明、勤劳都没关系。没一点关系。像我们这种小厂，骨干至少得三个人，这三个人得一心一意，得是亲戚，没外心。”

“那之后这几年你都干了什么？”

“先是到广州干了一年门窗装修生意和硅藻泥粉刷，不然我现在会想起来开这个店？也算是本行。这些活都是下苦力的活，中间，椎间盘脱出得厉害，弯腰直不起来，任何重活都不能干，只得停下来。接下来三年，一直养着，啥活都没干。”

“那靠啥生活啊？嫂子愿意？”

“有啥愿意不愿意，我也没胡干，这几年一直花那年做门窗生意的钱，也基本没啥了。”

“儿子呢？儿子咋样？”

“儿子在深圳。他和他老婆都是重点大学毕业，一个本科，一个研究生，学材料的，工资还不错，自己贷款买个小房子，两室一厅，也能过。今年刚生个儿子。”

“那你不去给人家抱孙子啊？儿子没埋怨你当年有钱时不给人家买房啊？”

“谁能想到啊，当年想着反正有钱，等儿子毕业了，他到哪儿，我们就在哪儿买房子。结果，是钱也没了，房子也没了。”

万敏哈哈干笑两声，喝了一口茶。

“你躺两三年，啥也不干，嫂子和你儿媳不嫌烦啊？”

“有啥烦的？”万敏停顿了一下，看着地面，搓着手，说，“我都三四年没见她们了。”

我吃了一惊，赶紧问怎么回事，大姐本来正在听电话，听到万敏这样说，也放下手机，看着万敏。

“也没啥。没啥可说的。不见就不见了，各过各的。”

“那你都怎么过的？逢年过节你儿子也不说让你回去过年？”

“咋过？在哪儿干活就在哪儿租房子呗。我一个人想干啥干啥，挺好。”

他站起来给我们倒茶，并不想继续这个话题。看他严肃和拒绝的神情，我也不好说什么。

大姐从包里摸出一盒烟，拿出一根，塞给万敏，说：“不知道啥时扔这儿一包烟，咦，还是好烟，你抽一根。”

关键时刻，大姐总有匪夷所思的操作。她让万敏烟时显得那么言不由衷，谁都看出来，她是想安慰万敏。我们都忍不住笑了起来。

“我戒烟都十几年了。2008 年 4 月 12 号戒的，汶川地震是 5 月 12 号，所以我有句话说，早知道我就不戒烟了。我是 6 月 30 号去汶川的，一辈子都忘不掉那经历啊。现在，连那时的照片都找不着了。当年也是你说的理想青年。”

“我应该还有照片。当时我好像对着你电脑拍了一些，我到时找找发你。”我说。

“不要了，要那干啥，咱也不图那个虚名。”

“也是你做过的事儿，不是虚名，是实名。你厂子在赔着钱，还捐六七万块钱的物资，也不是谁都能做出来的。”

万敏的电话响起来，是一个想要装修的朋友。我和大姐屏着呼吸，在一旁专心致志地听，生怕我们的呼吸影响了他的生意。

他放下电话，说是早前约好的一个客户，下午要让去家里看看。

我长吁一口气。

“不过，都只是意向，一谈到钱，就不好弄了。”

那天晚上，我们约好在大姐家吃饭。万敏拎着两瓶红酒、两条鱼、两只鸡到了姐姐家，他说小清回家了，他得请吃一次饭，就借大姐的厨房。大姐几乎要和他翻脸，扔下正在择的菜，揪着万敏，非要他回去把东西退了。万敏坚决不退。大姐气得在沙发上坐下，扭着脸不理万敏。

万敏从口袋里掏出一沓钱，说：“你看，大姐，我有钱，生活费还是有的。”

大姐说：“你就是不听话，爱讲排场，你到自己姐姐家吃饭非要买东西干啥？你这些年吃的啥亏你不知道？”

大姐是把万敏当成自己亲弟弟了。她当然明白那是万敏的心意，但是，她仍然愤怒于他乱花钱，愤怒于他没把自己的日子过好。

万敏把大姐哄到厨房，又返身招呼大家打牌。他掏出手机，让我看他手机上的视频，说那是他孙子。视频里的小孩子胖乎乎的，张着手，嘴里啊啊叫着，朝屏幕外爬，好像要让万敏抱他。万敏专心看着，带着宠溺的微笑，好像里面的孩子能看到他。他没有提下午见面的情况，估计是没戏了。

孙子已经五个月了，万敏还没见过。在今后的几年，恐怕他也不会见到。因为，以他装修店现在的生意和趋势来看，可能并没有机会挣到什么钱。

福伯有福气

人们都说福伯一辈子有福气，走都走那么干脆。

作为那个时代村庄里极为罕见的独子，福伯从出生那一刻起就被母亲“老党委”保护起来。福伯几乎没有挨过饿，“老党委”千方百计得到的每一口粮食都到了他的嘴里。福伯年轻时代，也是“老党委”做主，娶了一个温顺又漂亮的媳妇。福伯和福婶一口气生了五子两女。当然，“老党委”仍然是绝对权威。福婶还没摸过家里的钱袋子，没揣过家里那个箱子的钥匙，就撑不住了，走在了“老党委”和福伯前面。

“老党委”于九十九岁高龄去世，已经八十一岁的福伯在葬礼上哭得像个孩子，那种无依无靠的感觉让人震动。

福伯的儿女们分布在中国的不同城市打工。大儿子、二儿子在西安蹬三轮，三儿子在北京一家玻璃厂上班，四儿子在内蒙古卖水果，五儿子在青岛去世，两个女儿嫁在离梁庄不远的地方，也长年在外打工。

福伯一辈子待在梁庄，最远不过到吴镇集市上卖菜，每天清晨起来就到他的自留地去侍弄。那不到二分的地，被他打理得花团锦簇。夏天豆角、辣椒、西红柿、茄子、苋菜，秋冬白菜、萝卜、韭菜，后来一些蔬菜的新品种过来，他又慢慢加入秋葵、空心菜、花椰菜。菜园里趟行分明，一点儿都不浪费，长豆角的架子下面种苋菜，茄子棵里还洒点小白菜的籽。

他家的茅厕是全村最干净的。两只大木桶埋在地下，一点一滴也不浪费。早年家里人口多的时候，福伯每几天都要担一担子到自留地，后来人少了，福伯闲来没事就会在村里转，左手里拎一个小桶，右手拿个小铲子，看到猪粪、狗粪、鸡粪，就铲到桶里，再倒到自家地里。因此，不管什么时候，福伯的菜地土最黑最旺，菜最壮最丰富，有时候，菜还没出菜园，就已经被路过的人买走一些。

艰苦年代，福伯的自留地为家里奉献了最基本的生活资料和一点点零花钱。福伯每天当街卖菜，卖完菜会为自己打一瓶散装酒，回村前先把酒藏在自留地头的小棚里，然后再回家，把钱上缴给“老党委”。“老党委”从层层叠叠的衣服最深层掏出一个手帕，层层打开，把钱放进去，卷好，再放回去，衣服抻好，这样，就没有任何痕迹了。

“老党委”的神奇手帕加上福伯的勤劳，虽然子女众多，福伯家一直是梁庄最殷实也最有教养的家庭。他的儿女和孙辈都沾了福婶的光，一个个英俊白皙，卷发深眼，和村庄其他人相比，简直不是一个世界的人。

2015 年冬天，身体一直不错的福伯嗓子有些疼，咽水都有困难。他跑到镇上买几包治咽喉肿痛的药，第二天照样去卖菜。自从福婶和“老党委”去世，最后一个孙子也离开自己到郑州打工之后，福伯自留地的菜就大不如前了。他的身体越来越像一张“弓”。

再也没人管他了。他卖完菜，买瓶酒，回到家，做点烂面条，拌个青辣椒，坐下来慢慢喝。吃完喝完，背着手，慢慢走出去，坐到文哥家门口看人打牌，和人闲聊几句，到傍晚的时候，再到地里转一圈。在极少时候，他会接到哪一个儿子或孙子的电话，问他怎么样，缺不缺钱花。在北京玻璃厂上班的梁峰打的最多，他在爷爷奶奶跟前长大，在北京，他一喝多酒，就要给爷爷打电话，一打电话，听到声音，他就知道爷爷也喝多了。梁峰边打边哭，边说，爷爷我最想你了，最想你。这边福伯耳朵有点背，人也晕晕乎乎的，一直叫着“啥啊”“你说啥啊”。往往是在这样的相互呼喊中，电话挂断了。

福伯嗓子越来越疼，他一直忍着，有时吃药，有时多喝几口酒。很快，人就瘦脱形了，远远看过去，像一只枯瘦的老虾米。他身体越来越虚弱，有时一连好多天都不去文哥门口。邻居劝他说让哪一个孩子回来，带他去医院看看，他说，算了，再过一个月就春节了，要是现在回来，不年不节，工厂别再把他们奖金给扣了。像在西安蹬三轮的堂哥堂嫂，也是一年清淡，全指春节前后的这几个月赚点钱。他说，人老了都这样，头疼脑热的，很正常，他们回来也就这样，没啥用。

2017 年春节，最先回来的是北京的三儿子一家和孙子梁峰一家。梁峰一见爷爷成这样子了，抱住爷爷就哭起来。大家赶紧把福伯送到穰县医院检查，医院说这都是食管癌晚期了，动手术意义不大，不如回家静养，能吃的话吃点流食，保守治疗。

一接到消息，西安的大哥二哥、内蒙古的四哥、在青海带孙子的大女儿、在北京当保姆的二女儿都回来了，守在福伯身边，每天变着花样给福伯炖汤。福伯的几个儿媳妇向来都非常孝顺，不但给福伯做饭，一勺勺喂饭，福伯吐不出来的痰，弄脏了的衣裤，都不嫌弃，争相擦洗、照顾。

我们春节回村，听说福伯病了，赶紧去村后二哥家看他。福伯喘着大气，躺在二哥家的偏房里。偏房打扫得干干净净，被褥床铺也整洁异常，还专门装了有加热设备的煤灶。福伯半靠在床上，喘着粗气，他的哮喘也犯了，整个冬天，嗓子都呼呼喘着，像过火车。

他睁眼看着我们，说："你看，我这病，还要拖，这眼看春节过了，娃们还得出门啊。"

大姐说："福伯，你别想恁多，你这娃们多孝顺，都愿意伺候你。"

福伯抓住姐姐的手说："人家都没说啥，对我可好，可我这活着有啥用？耽误娃们干活啊。"

福伯的眼睛红红的，热烈又羞愧地看着大姐，为自己还要多活几天耽误孩子出门干活而不好意思。

转眼间已经过了正月十五。福伯的病时好时坏，有一两次陷入昏迷，大家赶紧叫救护车去医院，还没到医院，他就又醒过来。医生说这是疼醒的。食管癌到最后，脖子上那几节骨头都完全腐蚀坏掉，头得用东西从外部撑起来。

福伯的儿女们开始发愁。福伯看来也不是一天两天就能去的，他们都待在家里不是事情。大哥二哥要挣钱帮儿子还房贷，三哥还缺一栋新房，他的儿子还没找来老婆，四哥的水果摊关了一个月，这一个月租金得一两万，那个地方是市中心，多少人眼红想抢他们生意。二女儿的北京主家一直在催，那家家里也有一个老人，平时全指望福伯的二女儿照顾，这一个月都没有回去，那主家快崩溃了，一天发几次短信，说真要是来不了他们就决定换人了。大女儿的三个孩子过完春节就走了，留了四个孩子给她，每次来梁庄，蹬一个三轮车，带三四个小孩子，像逃难一样。

姊妹们坐在一起，各怀心事，谁都不想先说。其实，这些情况不说，心里也像明镜似的。

过了好久，二女儿，其实也是福伯最小的女儿，说："不行了，我先回去一趟，先干几天活再回来，我怕我再不回去人家真不要我了。"

那主家对福伯的二女儿非常好，经常把家里的衣服、不要的电器、家具和一些小物件送给她，让她带回来分给大家。这个大家庭里几乎每个人都穿过人家的衣服，更何况，人家给的工资也是同等情况下最高的。

四哥老婆也低声说："不然我带着孩子先回去，再这样下去这两个月的租金都没着落了。"

四哥家刚在当地城市买了一个房子，每个月也要还房贷，还要交租金，压力不是一般的大。

她的话音还没落，四哥说："咋，就你缺钱，缺在这一时了？"

四哥老婆突然高声说："你啥时操过心了？你就知道吃现成饭，不知道别人遭多大难熬多长时间，才活得像个人样。"

大家都听出来她的弦外之音。四哥家的水果摊是在四哥老婆娘家的支撑下做起来的，这一直是四哥的软肋。

“你再说！”四哥说着，巴掌扬了起来。

“谁家没个困难？谁有我难？没个房子，娃儿连个老婆都说不下。”三嫂说着，眼泪差点流出来了。

说的也是，谁都知道三嫂在北京的建筑工地有多拼命。瘦得风一吹就要倒的身板，每天从早到晚在工地背砖头、收拾垃圾，饿了啃冷馒头，渴了喝凉水，为的就是给儿子盖一栋楼房。

偏房里传来福伯的咳嗽声，大而清晰。

大家都静下来。过了好一阵子，二哥说：“好了，都别说了，再观察几天，看看情况，要是没啥变化，你们都走，我在家，一个月轮换。”

二哥话一出来，房间里每个人的脸都有点挂不住了。二女儿、四哥老婆的脸有点红，三嫂赶紧起身往偏房跑。

接下来的一段时间，福伯的每个孩子都比着对福伯好。他们每天早晨聚在大哥家里，一起吃饭、聊天，热情招待来看福伯的乡亲朋友。几个媳妇变着花样，给福伯熬鸡汤、鱼汤、菜粥，拿勺子一点一点喂。

福伯嘴紧闭着，坚决不吃。大家想着他是身上太疼吃不下，想到医生说过，病人实在受不住，可以打一针杜冷丁，就赶紧骑车到镇上去找我哥哥，让他过来给福伯打一针。

福伯瘦得厉害，躺在厚厚的被子下面，几乎看不到身体的轮廓。他眼睛闭着，如果不是风箱般沉重的呼吸声和脖子上跳动的青筋，很难感觉他还有多少生命力。

哥哥给福伯打了一针。福伯的身体松弛一些。二嫂赶紧又举起勺子喂一口饭，福伯眼睛紧闭，牙咬着下嘴唇，不让勺子进去，勺子里白白的鱼粥洒在他脸上、脖子上。二嫂拿纸擦擦，再喂，福伯还是不吃。

哥哥弯下腰，俯在福伯耳边，低声说：“福伯，再疼也得吃一点，吃了才能扛过去。等你稍好一点，我让大哥给你弄杯酒喝喝。”

福伯摇摇头。

哥哥给二嫂说：“福伯不想吃就算了，先让他缓缓，要是明天还不吃的话，可以拿针管往嘴里推。”

以后的几天，福伯仍然不吃饭。二嫂拿针管推进去的粥，他憋在嘴里，等一管推完，又全部从嘴里吐出来。

哥哥又被喊回来，看到福伯的几个儿子儿媳坐在堂屋，面容悲戚。大哥把事情原委说了一遍，觉得福伯肯定是听到那天他们在堂屋的争论了。大哥一边说一边抹着眼泪。大哥爱哭，平时一哭，二哥就嘲笑他，这次，二哥的眼里也都是泪。

大哥、二哥、三哥、四哥来到偏房，齐刷刷跪到福伯床前面，就像当年“老党委”教育他们时一样。

大哥说：“爹，是俺们不孝，你养活俺们这一群，没吃过好哩，没喝过好哩，你要是还不吃，俺们就不起来。”

说着，兄弟四个齐刷刷把头磕下去，头碰在地上，嘭嘭直响。大哥示意四哥去给福伯喂饭，他们三个还跪在地上。

四哥拿着针管，往福伯嘴里塞。福伯上牙咬着下嘴唇，坚决不松口。

三哥说：“爹，俺们不急着出门，我盖房子的钱早都攒够了。”

大哥二哥朝三哥狠狠瞪了一眼。

三哥辩解说：“不是，主要是想着房子盖起来不还得装修，不还得买家具，不得给女方攒彩礼？娥子的性情你们又不是不知道，急性子，恨不得一天当两天使，都快病死了还要去找活干。”

娥子是三嫂的名字，她和二嫂是梁庄最有名的两个干家子。在家，地里活、家务有一套，出门干活，不管是蹬三轮、卖菜、背砖，都肯下死力气，自己舍不得吃穿，一心攒钱为娃。

大哥说：“都啥时候了，还在想你房子？爹都快没了。”

最后那句话刚出口，几个男人号啕大哭起来。

福伯的呼吸变得急促，脸通红，嘴巴大张着，脖子上的筋高高隆起，像嗓子被什么阻塞住，那口气怎么也出不来。哥哥摸摸福伯的额头，又伸手到被子下面摸摸福伯的身体，站了起来，往外走。大哥他们也赶紧起来跟着出来。

站在院子里，哥哥低声说：“烧得很厉害，这不是好事。他可能也不是不吃，这病，到最后连水都喝不下去，那疼劲儿正常人想象不出来。该准备啥得赶紧准备。”

几个男人又哭起来。

四天四夜，福伯滴水不进。哪怕是在昏迷时刻，牙齿也紧紧咬着嘴唇，粥不喝一口，水不喝一滴。

正月的最后一天，福伯去世了。享年八十五岁。

全家人齐心协力筹办福伯的丧礼。福伯的所有子孙，闺女儿子、女婿儿媳，外孙里孙，曾外孙曾里孙，共五十五人，全部回到梁庄。

福伯就埋在村头的自留地里。他在那块地里劳作了一辈子。他和福婶，一左一右，护在“老党委”两旁。在另一个世界，福伯仍做着妈妈的好儿子。

烧完“头七”的纸，福伯的子孙们，背着行囊，离开梁庄。

毅志的书房

电动三轮车里的小羊回头看

第五章

死生之谜

在村庄里，所有的死亡都是死亡，也都是再生。但是，的确，又是真实的死亡。

所有的仪式，所有的事物，包括那些在冷冽的天空中闪闪发亮的黑色乌鸦，都在告诉你，你的亲人已经去世。

这时，纪念才真正开始。遗忘也真正开始。

五奶奶上街去理发

五奶奶坐在孙女的粉红小电车后面，上街去理发。

她穿着她最爱的碎花上衣、黑绸裤子、平底红布鞋，头发梳得服服帖帖，脸洗得干干净净。孙女晶子头发齐眉披肩，隐约露出黑葡萄样的眼睛和白里透红的小苹果脸，羞涩中带着爱娇。两个人开开心心往吴镇去。

雨一直下到中午才停。老旧的沥青路湿成黑色，两旁的杂草显得格外精神，叶尖格外挺拔。天是灰色，大片大片的乌云从远空逶迤而来，压在人头顶，云里的水汽很足，好像随时都要滴出雨来。电线杆从远处的庄稼地一路拉过来，一进到镇子的地界，陡然低了、密了，电线贴着房屋、贴着公路，往镇里去。黄嘴小雀、白脖翠鸟，一排排停在电线上，看见人过来，哗啦啦往高空飞，等人走远，又折回来，停在电线上，叽叽喳喳。

粉红小电车从梁庄出发，沿着老公路，一路开过去，经过梁庄的自留地、吴镇最大的回民公墓，再经过一个三岔小路，一个大拐弯，就进入吴镇街上了。

就在这大拐弯的地方，五奶奶遇到了正要回梁庄的我和姐姐。

我们早就看见了她，站在路口，等着小电车开过来。

姐姐扬着手，高声喊道：“五奶奶，五奶奶啊，你这老家伙大清早上哪儿啊？”

晶子眼睛笑得眯眯的，停下电动车，一脚撑着地。她显然是习惯了这样的对话。五奶奶在村里辈分高，谁都可以和她乱开玩笑，她也来者不拒，不论男女老少，都高声逗笑。

“去理个发。你看我这头发，乱得不成样子，都快成疯婆子了。”

五奶奶边说边用手捋着自己油光溜滑的头发。

“没多长啊。”我们走到电车跟前，姐姐抚了抚五奶奶的头发，说，“再坚持半月没问题。”

“我奶是想我英姑了。”晶子轻声说。她说话声音很低、很轻，带着一丝丝取笑的意思。

“想啥想，天天见的。”

晶子又抿着嘴笑。

晶子是五奶奶小儿子光亮的女儿。这是光亮叔和丽婶的第二个孩子。第一个孩子宝儿十一岁时在湍水里淹死了。经过几年的身体调养，丽婶又生下晶子。晶子满月，丽婶回到青岛电镀厂，继续打工，五奶奶在家抚养晶子。又隔几年，丽婶在青岛生下阳阳。丽婶停下工作，在青岛照顾阳阳，到阳阳两岁半在当地村庄上幼儿园，才又上班。

晶子和奶奶一直待在梁庄。

五奶奶精心抚养晶子，不让她离开自己半步，到哪儿都随身带着。梁庄小学关闭之后，晶子到镇上读书，五奶奶骑着一个小三轮车，每天往返四趟接晶子上下学。她总是早早赶到校门口，头趴在学校铁栅栏上，巴巴看着。人们眼瞅着五奶奶每日奔忙，腰一年年弯下去，都摇头感叹。大家都懂她的心思。她把人家的宝儿弄丢了，这一个，她是拼上老命也要好好养住。每年春节回来，丽婶都要和五奶奶吵架。丽婶想趁自己在家，好好管教一下晶子。可是，总是她刚一张嘴，五奶奶就鼻涕一把泪一把，抱住晶子，喊着说你要打就打我吧，那情形，好像丽婶是个坏人一样。所以，经常的情况是，春节还没过完，光亮叔、丽婶和阳阳就收拾行李回青岛了。

晶子像影子一样，跟在五奶奶后面慢慢长大。她性情内向，眼睛躲在厚厚的刘海后面，看不出她内心所想，偶尔闪过来的一眼，警惕且淡漠。她从来不去青岛，从小到大，她见到光亮叔和丽婶的时间加起来可能不超过一年。

十五岁时，晶子辍学。丽婶让晶子去青岛，和她一起在电镀厂打工，五奶奶说什么也不让晶子去，五奶奶说那厂里有毒，大人没事，小孩子家家的肯定要毒辣坏。丽婶也没有坚持，电镀厂确实污染很大。晶子在镇上一家超市当售货员。每天早晨，五奶奶起床给晶子做饭，晶子吃完去上班，到下班时间，五奶奶早早把饭做好，焐在锅里，等着晶子。

这样，又过了几年。

去年，镇上成立一家新幼儿园，晶子去应聘做生活老师。没想到，竟然应聘上了，更没想到的是，晶子干得非常好。她在家里不爱说话，也不爱笑，可一到幼儿园，她的话就很多，还很温柔。晶子的性格也好，耐心细致，每次吃饭，不管孩子多闹，她都不发脾气，始终笑眯眯的。慢慢地，晶子眼睛里多了一点笑意。有一天，她把头发束了起来，前面的刘海用发卡拢了上去，露出白得发亮的额头。人们惊叹，晶子是个大姑娘了呢。

五奶奶像守得云开见月明一样，有事没事就要让晶子带着她上街。她的理由是她走不动了，非得有人带着，可所有人都知道，五奶奶是开心。祖孙俩经常骑着这辆粉红小电车，在吴镇街上一路招摇过去。

“走吧，跟我一起，先到你英姑家去玩玩吧。”

于是，我和姐姐又回转身，跟在粉红小电车后面，往吴镇街上走。

英姑住在吴镇老街里面。这里和街面上简直有时空错位的感觉。街面上，街道光滑宽阔，高楼林立，一派工业发达、人间喧嚣之景象。街里面，道路狭窄弯曲，两边房子多是红砖瓦房，独门小院，院门里面总有枣树、梨树、樱桃树斜逸出来，或有几株高大的月季爬出墙头。这里人声寂静，时间久远缓慢，不值一提。也有新起的楼房，在街道角落你挤我抗，单薄简陋，透着股寒酸，和街面上的楼房相差很远，甚至不及那些独家小院看着殷实富足。

英姑，五奶奶的小女儿。她嫁给了吴镇老门老户的一家人，那家人好到极致，就是穷。英姑要强，早年和丈夫一起出去打工，拼死挣钱，起了一座两层楼房。这几年，丈夫生病，两个孩子要上初中，英姑夫妇就从广州回来，一个打零工，一个在镇上超市当服务员。尽管这样，英姑仍然从牙缝里挤钱，把荒废的后院收拾出来，要加盖两层楼房。去年我回来的时候，她正在盖房。院子里狼藉满地，英姑一边指挥老公干活，提泥拎砖，一边还和我说话，一刻也不停下。年轻时俏丽、活泼的英姑变成一个泼辣、能干的家庭主心骨。

英姑的房子就卡在那些破败的楼房中间，一个碉堡的形状，却更显简陋。

还没到门口，晶子就高声喊："英姑，奶奶来了。"

只听院子里一声"哎"，英姑扎着两手，用脚推开铁栅门，高声笑着说："妈，我就想着该来了。"

看到我们也站在后面，英姑惊喜地叫着："哎啊，梅子，小清，你们也来了啊，快，快，赶紧进屋。"

一个水泥抹平的大院子。英姑正在垒一个花坛，砖围了一半。

英姑边打招呼边洗手，又风风火火进到厨房，找杯子，找茶叶，给我们倒茶。

从这个院子可以看出这个家盖得不容易。楼的主体已经有些斑驳，去年盖的偏屋仍然崭新，院子也是一边崭新光滑，另一边坑坑洼洼，好像新旧两块布硬拼在一起。

"你姑夫不在家，到北京了。秀中今早上不在了。你姑夫是秀中的堂叔，不出五服，秀中他爹早就不在了，出恁大的事，他们族里人说让你姑夫去照应一下。看咋处理。"

"秀中死了？不可能，他才几岁？"

我的心突然颤抖了一下，头也跟着有些眩晕，人像失重了一样。

"你们不知道啊？"英姑惊讶地看着我们，说，"镇上人们都传疯了。他不是在顺义有块地吗？七月份，想着疫情也差不多过去了，就招呼施工队盖房，他是早就想盖个培训基地。他这些年培训可没少赚钱，一直想扩张，又舍不得停下生意。现在疫情，也没工可开了，他就想着把那一片老房子扒了，重新规划，盖个更大、设施也更全的。盖就盖吧，他天天在那儿跟着忙，又是监工，又是检查，一刻也不离开，你不知道他那毛病，谁都不放心，老怀疑别人干得不好。今儿早上，八九点钟的时候，工人在砌墙，他非要站到墙上看墙体直不直，结果，一面墙整个塌下去，人就没了。别人都没上，就他自己上去。”

我无法相信。我和秀中是初中同学。当年因为家庭贫穷，他高中上了一年就辍学出门打工，之后好多年没见面，但他一直活在大家的传闻里——吴镇第一个千万富翁，生意做得非常大。2012 年，我去顺义那边参观他的厂房，听他谈和北理工教授团队合作的项目，我感受到的是一个野心勃勃的民间企业家，想要成就一番大事业。当时还有另一种强烈的感受，就是尽管早已脱离贫困，骨子里，他还是吴镇那个贫苦的孩子。

秀中熬过了歧视，熬过了贫穷，熬过了创业时期的艰难，最后，却倒在了那面墙下。凡事亲力亲为，这是他的信念。他不是不信任别人，他只是更相信自己。他的前半生都在和周围环境博弈，他被贫穷弄怕了，不允许自己浪费，不允许家人浪费，更不允许别人浪费。那一分一毫，都有他的血泪和汗水。

英姑为我们倒上茶，坐下来，说：“也是可惜，虽说我和你姑夫没沾上他一点儿光，可人家回来，也都会过来坐坐，有礼有貌的。早些年欺负过他们孤儿寡母的那些人也都往他跟前凑，秀中根本都不理。他记仇。他给你姑夫说，不是他爹的坟还在这儿，他妈有时想回来，他是到死都不想回吴镇来。”

“不想回来？再不想回来，不还是吴镇人？人都是命。命里有啥，就是啥，没啥，求也求不来。”五奶奶感叹道。

“说起来命，五奶奶，你们家那时候可是地主，有百十亩地，你也算大小姐出身，咋能嫁到梁庄？五爷家是多穷的人家啊。”

姐姐看着五奶奶，悠悠地说。

地主家的大小姐？我惊住了，这么多年，我还是第一次听说这件事。我盯着眼前的五奶奶，面容黝黑、身材矮小、终生操劳的五奶奶，想不到她还有这样的身世。

“哈，可是穷，你都不知道你五爷家那时候有多穷。不过我家说是地主，不愁吃穿，也都得干活。我们姊妹多，兄弟们都上学，女子们在家干活。我是女子里的老大，天天做不完的饭，洗不完的衣服。大冬天在坑塘里洗红薯，一筐一筐洗，手上全是冻疮。那百十亩地是俺爷俺爹两辈人一点点抠出来的，根本没想着享受。地里还请有人，家里所有家务活全是自己干。我老娘身体不好，生完小妹几乎瘫了，成天躺在床上。我两个嫂子也都天天干活。那时候不像现在，上街买个衣裳穿穿，都是自己缝。我嫂子熬夜缝衣服都快把眼睛缝瞎了。我出婆家时，我娘说，俺们家男子女子都一样，咱这仨女子都得有一份。意思是得给我陪嫁好一点，说是说，有啥，最后啥也没了。”

“那你家最富的时候是啥样子？”

“啥样子？养家丁、盖碉堡。那时候咱们这一片不太平，土匪多哩很，挨个村扫荡，说是非常厉害，有钱人家都养家丁、盖碉堡，没钱人家会凑点小钱送给大户。俺们家光那个碉堡就盖了一年时间。不过，那个碉堡也没咋用，一解放，啥也没了。我爹提前交了地，在村里人缘也好，选地主时没选住他，家财没被分，保住了一条命，还保住了几亩地。”

“还是不一样。”英姑说，“我仨舅都考上个学，都是吃国家饭的，我老表们也都跟着在城里上班，当干部，我仨姨都是农民，俩姨嫁到甘肃那边，我妈一辈子也没见几次。前几年，城里的俩舅不在了，到年下，我大哥们到城里走亲戚，你想，是舅家，不能说舅死了，外甥就不去了。吃完饭，我大舅儿子说，你看，你舅也不在了，以后就不麻烦了，咱老表们不用走了。意思是这亲戚不再走动了。我大哥回来气得不行，他爱讲个礼数，说，我要也是在城里上班，是哪个局的领导，你看他们会不会说这话？我说，哥你说的可是，谁叫你是个老农民哩，还是有阶层差距。我哥还气，说，无论如何，你这个亲大姑还活着，等你这个亲姑也死了，你再说断了这门亲戚也行，也太没人情了。”

这是我第二次听到这件事了。看来，五奶奶一家为这个事情非常生气。

“说那干啥。”五奶奶在一旁说，“人咋活都是一辈子，他们也都五六十了，都累成啥了，不走动算了。姑是外人，走不走没那么多讲究。”

“我就不愿意，凭啥亲姑还在，亲戚就不走了？小时候哪个老表没在梁庄住过？天天姑前姑后喊，多亲啊。当官了，日子过得好了，看不起这当农民的姑家了。再说，无非就春节多吃一顿饭的不是，就这都不想管。”

英姑是火暴脾气，性子刚烈、直爽，和五奶奶的豁达、宽容刚好相反。

“梅子，你看你英姑，就是爱计较，计较那干啥，别人过啥样，那是别人，咱过成啥样，是咱自己，天天和别人比，累死。都是一天三顿饭，到头都两腿一蹬，谁又比谁强，你说是不是？”

五奶奶眼睛跟着手脚不停的英姑转，嘴里一边唠叨。她的小女儿，虽然已经五十岁了，她是仍然放心不下。

五奶奶又说到别人，人名我都不知道，应该是英姑婆家的事情，宗旨是让英姑宽心，别想太多。英姑带听不听的，说到急处，差点要蹦起来。

五奶奶看英姑急起来，就站起来，说：“哎呀得走了，还得去剪头呢。”

“走啥走。”英姑把五奶奶按住，也把姐姐按到椅子里，说，“再一会儿天都黑了，梅子、小清，你们都在这儿吃饭，晶子，你到厨房去，那有早上刚买的菜，你择择。”

“那不行，我得走，我还要到梁安那儿去看看。”

“我奶每次上街都要转几个圈儿。”晶子在一旁捂着嘴笑。“梁安好好的，你去干啥？”

“咋了，我是他奶奶，去看看他，还多余了？”

“不是，梁安现在好好的，啥事没有，基本上每天晚上都回梁庄吃饭，她这一天不见就非要去。”

天刮起小风，不一会儿，又下起了蒙蒙细雨。晶子带着五奶奶，五奶奶在后面，直着身子，用手拢住晶子随风乱飞的长发，祖孙俩骑着小电车，小心翼翼地在吴镇的街上穿行。每碰到一个熟人，五奶奶就让晶子停车，和人家聊两句，边聊边拿眼睛看路过的人，一不留神，又看见一个熟人，五奶奶就把身子挪过去，又和那人聊起天来。

那一条街约有两百米长，五奶奶和晶子骑了快三十分钟。聊了五六个熟人，进了两家药房、一家诊所、一家超市。她出来时，手都空空的。

从这条主路出去，往北面去，离路有五百米远的地方，一片庄稼地中，孤零零地竖着几栋楼房，其中一栋楼上写着“帝景豪宅”四个巨字。从主路下去，新修了一条路，路两旁已经开始有小摊小贩在卖菜、冷饮、百货等东西了。

这是目前为止，吴镇最成规模的商业住宅区。之前所谓的公寓房，多是村民把自家宅基地卖给开发商，开发商再建造成高层楼卖给其他人，这样的房子全是小产权（就现在而言，其实是无产权）。这些房子一般卖给本地那些较穷且信息闭塞的人，那些在外面打工回来的年轻人对这样的房子并不青睐，他们知道产权的重要性，会去买帝景豪宅的房子，虽然价格要远高于那些小产权房子。

梁安的装修灯饰店就开在一层的底商。透过落地大玻璃窗，正看到梁安老婆小丽。她坐在中间的招待台后面，俯身和两个孩子说话。

整个房间明亮简洁，灰色大理石地面干净光滑，墙上按照类别，挂着灯具、插板、地板砖等各种家装所需的材料样品。

一看到我们，小丽赶紧迎出来，亲亲热热地叫着奶奶，又叫我们姐姐。两个孩子从招待台后面跑出来，倚在五奶奶身边，好奇地看着我们。

那个小男孩，十来岁的样子，戴着眼镜，文文静静。

这难道是点点？2012 年，在北京顺义姚庄村，那个在妈妈怀里笑到眼睛眯成一条缝、胖胖黑黑的小子？

“点点，这是你清姑，快叫，天天在家念叨，来了你又不叫了。”

小丽把点点往我这边推，点点使劲往后退。小丽笑起来，抬起头来，一脸发愁，很严肃地说：“这孩子，不大方，也不知道咋回事，一到人场上就不会说话了，天天教都教不会。我经常给他俩讲你的故事，说你清姑可厉害了，将来到北京去找你。你看，这一见面就不会说话了。”

她看着我们，咽了一口唾沫，手扶着点点的肩膀，好像有一肚子的话和我们说。

“梁安到城里干活去了。”

“疫情期间还有活儿？”

“哪有？少多了。我都要愁死了。这是疫情前留的工程尾巴，客户催得急，今天只好去了。不过梁安干活好，人们信任他，口口相传，昨儿个说有客户给他打电话，要约着看装修。”

“有活干就行，给梁安说，别让他挑，人家说啥就是啥，咱是给人家干活哩。”

“奶，他回来你和他说，我说不过他。”小丽又转过脸来对我们说，“你不知道，梁安老挑活，嫌人家不懂装修，说话不客气，品位差，有好多活干一半硬不去干了，可熬煎人。”

灯饰店门前的路还没有修好，人们蹦着跳着过一个个洼地，一不小心脚就落到水里，路对面是超市后门，装满货的小车来来回回，非常忙碌。

我问梁安在这个小区有没有活干，小丽说：“你不知道，可难，都是老乡，觉得为装修花钱不值当，有的是答应得好，让掏钱时不掏了，成天得打嘴官司，有些活，梁安一和那人打交道，就不接了。”

五奶奶在一旁说：“不接也好，乡里乡亲，说多说少，都觉得你赚可多。”

“那可是，就是生意就差了可多。这俩娃今年上网课，又买了电脑、手机，哪都要钱。我天天盯着他们俩上课。”

“可别说盯了，别把娃们逼出问题来了，叫他们多玩一会儿。”

五奶奶抱着自己的小曾孙女，又对点点说：“明天中午记着回家啊，你爷在家给你们煮牛皮吃呢。”

我们和小丽又聊到了孩子教育的问题。小丽急切地给我们述说着她如何管理两个孩子的学习，说到疫情期间，为这和龙叔发生了一场很大的冲突。我正好奇是怎么回事，五奶奶喊着说：“梅子、小清，走，可得理发去，小丽，记得明晌午回去啊。”

小丽笑着说：“知道了，知道了，好像几百年没回去一样，你孙子曾孙子昨儿个不才在家吗？”

我们和小丽另约了时间，到时专门找她聊天，和五奶奶一起出了店，往吴镇主路上走。

天已近黄昏。风停了，雨也住了，灰蓝、火红的云彩在西天边急速地变幻，像是在和它们后面的太阳捉迷藏，一会儿乌云遮住太阳，一会儿太阳闪出重重包围，发出灿烂的光柱，好像邀请地面的人们沿着这光柱往天上去。遥远的地平线上，隆隆的雷声不断传来，风正搅着乌云，一团团巨大的漩涡飞滚，吞吐着一切。

吴镇这边，天空寥廓，凉爽清新。喧嚣了一天的吴镇开始安静下来。路面变得宽阔，行人稀少，一家家店铺像是经历了一场美满幸福的旅程，疲惫而满足。锦丽理发店门口那个霓虹灯，就显得太过艳丽了。

只有一个理发师。五奶奶让晶子先理，她站在一旁，督促晶子把刘海剪短，露出额头和眼睛，把后面的长发也修短一些。五奶奶又是指挥理发师，又是啰唆晶子。晶子一句话也没反抗，乖乖地坐在椅子上接受理发师和奶奶的摆布。透过镜子，我看到晶子画着浓浓的眼线，眼线从她黑眼睛的尾部直飞出来，很夸张，两只耳朵各打三个连排的耳洞。她坐在那里，似乎一点没反抗五奶奶，可又根本什么也没听见。

理发师把晶子的头发吹好，把脖子上的碎屑掸掉，晶子还没从椅子上站起来，身后的五奶奶噌地拿起晶子的包、电动车钥匙，就往门口走。

理发师说："奶奶该你了，快得很。"

五奶奶往门口退了几步，捋捋自己稀疏却光洁的头发说："我一个老婆子，有啥可剪的，回家自己把头发梢剪一下就行了。"

她呵呵笑起来，耍赖般地把住理发店的门，防止人来拉她。她的神情透露出，她一早就不打算理，她只是哄着晶子，让晶子理发，让晶子陪她在街上转一圈儿。

“走，晶子，咱们赶紧回去，一会儿阳阳该放学了。”

阳阳，光亮叔的小儿子，那个在青岛乡下孤独长大的孩子，2000:1 的 1。十二岁时，他从青岛的那个乡下学校，转到吴镇初中读书。光亮叔和丽婶留在青岛的那个电镀厂，继续打工。

粉红小电车载着祖孙两人，往吴镇北头那个大拐弯方向去。

五奶奶坐着粉红小电车去理发

吴镇集市

一过那个大拐弯，就能看到梁庄了。[1]

明太爷决心自杀

明太爷的死至今仍是一个谜。

他生时拥有鲜明的性格，爱憎分明、喜怒无常，死时，却连死亡的原因都说不清道不明。他生时强烈反对老婆信教，一方面是因为他不信那个，另一方面也是因为不喜欢周遭人议论。死

1 在写本书的过程中，我得知五奶奶不小心摔了一跤，脊椎骨裂了。一开始不知道，只是疼，那么刚强的一个人，疼得号啕大哭，抓着六十岁的龙叔又打又骂，几次拿着绳子要上吊。后来到医院检查，才知道是骨裂，医生说她年龄太大，不宜手术，只能是静养加止疼药。五奶奶就这样躺到了床上。2020 年 11 月 7 日，我回到梁庄看五奶奶，躺在床上的五奶奶越发矮小了，小小的一团，白发蓬乱着。她有些悲观，抓住我的手就哭起来，说："你看你奶奶成啥样子了啊，七十九，扭一扭，阎王爷要来把我抓走了。"我说："那不也是没扭走你吗？以后你还要长长远远地活呢。""可是我疼得受不住了啊，我快控制不住自己了，我精神都快失常了。"聊了一会儿，说起家长里短，五奶奶又恢复了响亮的腔调，依旧是一个乐观自嘲的老太太。可是，在走出屋子的一瞬间，想到把她一个人留在黑暗的屋子里，我突然有些悲伤。五奶奶和大儿媳一生不对付，她的大儿子，我的龙叔，前段时间在县城干活，活一干完就回梁庄，白天，坐在路边和几个村里人打牌，隔一会儿进去看五奶奶一眼，说句话。远在青岛的光亮叔知道五奶奶病了，骑着电动车和丽婶一起去银行取钱往家寄，不小心摔到沟里，摔断了几根肋骨，也躺在医院里输液。英姑到城里一户人家做保姆，她的二儿子在穰县高中读高一。她一边陪读，一边做工，说起五奶奶来，心疼得直掉泪。英姑说，看到五奶奶疼时对儿子又抓又打，又辛酸又幸福，觉得儿子还有妈，妈还有儿子，真是好。五奶奶的儿子们积极凑钱给五奶奶治病，但是，却照顾不到。除了龙叔，他们都还在外打工。日常贴身照顾主要靠晶子。晶子白天在幼儿园上班，下班就回家，晚上睡在五奶奶旁边。白天五奶奶也要找晶子，英姑就到幼儿园说情，让晶子在午休时回来半小时，看看五奶奶。祖孙俩仍然相依为命。

时，不但尸体不能完整，还遭无数人围观，成为本埠新闻中的恐怖事件。

“你明太爷去世前十来天，我就感觉有些不对头。”明太爷最小的弟弟老六说。那天是他们母亲的忌日，按照惯例，兄弟几个会回到梁庄，上坟烧纸。一家六个兄弟平时很少来往，只有在这一天才各自回去，烧纸、磕头、聊会儿天，再散去。一辈子兄弟，早年积下各种矛盾，后来慢慢老去，都有儿有孙，忙碌不堪，也就每年坟前这一个小时见面，矛盾倒是淡了，但兄弟情分也跟着淡了。

明太爷是老大。每年都是他回去最早，拔拔坟上的草，拢拢坟，清理一下周边，然后等着大家。可是，这一天，等到快十二点，还不见他回来。老六在穰县上班，路过吴镇时还想着叫上大哥，但又觉得自己回来太晚，大哥肯定早已回来，就没有去叫。

明太爷平常就待在吴镇自己的那栋破楼房里，不到北京的闺女和儿子家，也不回梁庄闲逛，更不在吴镇街上串门。他老婆灵兰大奶奶倒是自由自在，闺女儿子家住住，隔一段时间回吴镇，跟着那些宣传信主的到处传教。别看已经将近七十岁，她的嗓子还很好，唱起赞美诗来热情感人，教会的人特别喜欢带她一起出去。

唯一的变化是，明太爷不再干涉灵兰大奶奶的事情了。像两个搭伙过日子的陌生人，各过各的，倒也相安无事。

兄弟们等了又等，电话也没人接，觉得不太对，就打电话给灵兰大奶奶。大奶奶正在乡下一个教会姐妹家参加祷告，接通电话，匆忙说了两句，说明太爷在家，可能是在睡觉，他最近心情不好，成天躺在床上不起来。说完就挂了电话。

等到十二点半，还不见明太爷过来。于是，老六开车，载着老三、老四，往吴镇赶。明太爷的房子在吴镇北头的内街里，偏僻荒凉，门口长着深草，墙上还挂着一个破旧的自行车轮胎。明太爷年轻时在部队当的是修理兵，会开车、修车，一把好手艺。

门外面没锁，往里推，里面插着门。

兄弟三个在外面叫了一阵子，没人应声，又使劲拍门、踢门，里面一直没有声响。他们有点慌了，赶紧打 110。

警车呼啸而来，把周围的人都惊了过来。警察在门口叫了明太爷，说再不开门就叫消防队过来锯门了。

过了好一会儿，门从里面开了。明太爷头发蓬乱，满脸都是怒气，用手撑着门，嘴里骂着："哪个狗日的要锯我门？你们欺负我欺负惯了，跑到家门口了？"

明太爷身上有很大的酒味，隔老远就能闻到。

老六说："大哥你咋今儿忘了到坟上了？"

明太爷说："到坟上干啥？都死了多少年了？活着不孝顺死了都装啥？你真稀罕妈你会让她把腿锯了？"

老六气得扭头就走。当年明太爷母亲得了脉管炎，右腿完全坏了。医生说做手术就得锯腿，但不是一定就能活更长时间，和保守治疗活的时间差不多，不过老人就不必受罪了。其他姊妹都同意保守治疗，只有老六坚持带着老太太到郑州一家大医院做了手术，结果，老太太连手术台都没下来。

“不过，”老六告诉我说，“气归气，当时你明太爷看着精神状态就很差，整个人瘦得不像样子。但是，谁也想不到十几天以后会发生那样的事情，而更离奇的是，那天晚上刚好灵兰大奶奶就没在家。”

老六这样说并没有指控的意思，只是生气。他们兄弟和自己大嫂的关系一直不好，多年来几乎没什么来往。不是因为她和明太爷的关系不好，也不是彼此间有什么具体矛盾，而是，在梁庄村，好像没谁和灵兰大奶奶关系有多好。她活跃在另一空间，是梁庄人不熟悉，也不屑于熟悉的空间。

2017 年 5 月的一个星期天下午，老六从穰县回来，十几天前见到大哥那样子，他有些不放心。他知道明太爷最近一段时间一直为南水北调补偿款的事情生气。明太爷没事就到乡政府门口，点着新来的乡党委书记的名字，提着梁庄的村支书、村委会主任的名字，骂天骂地。人们远远站着，听一会儿，也就走了。这场景实在是太熟悉了。这几十年来，明太爷不是为这事儿，就是为那事儿，到乡政府去吵闹、去论理。政府院子里的人也像没听见一样，该干啥干啥，任由他骂一阵，让他解解气，然后，找个熟人，把他拉走。没人听出明太爷的言语比往常更加激烈、更加愤怒。

明太爷家的门仍然关着，里面上着锁。老六在门口喊了一阵子，里面没人应声。又去问邻居，邻居说这几天都没怎么见明太爷出来，就有一次，是到旁边那家小卖部买酒。

老六给灵兰大奶奶打电话，大奶奶已经下乡了。她星期天最忙，上午在教堂做礼拜，要带大家唱赞美诗，还负责一些杂务，下午要到早已约好的姊妹家做祈祷，有时一连去几家。

老六又给妹妹香子打电话，她离明太爷住得最近。香子说昨天大嫂就打电话叫她过去看看哥，她不想过去，去了他光骂人，逮住谁骂谁，把人气得不行。

老六又去叫门，门里面还没人应声。老六在门口转悠一阵，踢一阵门，里面一直没人应。于是，又打了110。

110呼啸而来，围着门又叫一阵，不管是威胁还是恐吓，里面一直很安静。于是，消防队又过来，开始锯门。

明太爷家的门是厚实木的，是他年轻时跑运输从山里拉回来的，特别结实。

警察一进房间里，就叫喊起来，让人们退开，开始拉警戒线。后面围观的人越发往前拥，有人透过缝隙看到里面的情况，惊叫起来。

明太爷头垂着，身子委坐在客厅那张床的床头，赤着脚，脚蜡黄蜡黄，床上的枕头、席子浸的全是血，血都发黑了。

“当时我腿就软了。”老六说，“这是咋回事？好端端一个人。我不相信，我想扒开人群往跟前去，可根本过不去。人们像疯了一样，都挣着往前挤。后来警察硬把人撵出去，说不能破坏现场，只允许一个亲属进来，我就进去了。场面太惨了，我没想到我大哥以这种方式不在了，太惨了。后来，法医、刑警都来了。我听他们在一旁嘀嘀咕咕，说可能是凶杀。我跑过去，抓住警察问，谁干这么丧尽天良的事？他们很不耐烦。我赶紧也找人，往穰县打电话，让朋友帮忙找县里最好的法医过来。”

法医很快就过来了，警察把明太爷的身体翻过来，发现明太爷脖子上的大动脉被割开了。

明太爷被杀的消息迅速传到梁庄。梁庄人结帮往吴镇跑，边跑边议论谁会杀明太爷。明太爷虽然脾气暴躁，但从不胡乱说话，有一说一，不结暗仇。他在村里还是有正直的名声的。即使他一辈子对灵兰大奶奶胡骂乱打，大家依然多站在明太爷这一边，嘴里感叹明太爷太狭隘，心里想着要是自己媳妇不知道打多少次。

明太爷的尸体已经挪到了客厅正中间，一块白布盖着全身。他的腿蜷曲着，身体呈弓形。因为死亡太长时间，尸体已经僵硬，无法弄直，就只好支在那里，像人在蜷着腿睡觉，头却往前伸着，看着那形状，怪可怕的。

人们随着警察的勘测往后院走。明太爷的楼房是前房后院的结构。前面三间房子，正中间那间房既是客厅，也是一个穿堂，可以穿到后院去。后院荒草满地，艾蒿、灌木长势旺盛，足到人半腰的地方，像在野地里。院子右边拐弯处，放一口老式的大水缸。缸里的半缸水鲜红鲜红。缸沿上有一个小豁口，豁口上有一些血迹。

经过对比，法医有了新发现。明太爷脖子上也有一个伤口，血就是从那儿流出来的。那伤口的形状和豁口的形状基本相符，换句话说，伤口极有可能是这口缸的豁口造成的。

同时，可以确定的是，明太爷死的那天晚上喝了不少酒，一打开门，就能闻到他身上冲天的酒味。

这样一来，明太爷的死就有一个基本完整的推测：那天晚上，明太爷喝醉了酒，睡到半夜，口渴，喝醉的人一般都容易口渴。他就来到缸边，趴在缸沿上，头低下去喝缸里的水，刚好缸这边有一个豁口，把明太爷的动脉给割破了，还流了血。但因为明太爷醉酒，反应较为迟钝，再加上血是慢慢流的，他还有力气回到床上。躺到床上，血还一直流，慢慢人就失去行动能力。他从床上爬起来时，可能已经没了力气，就歪倒在床边。最后，失血过多致死。

老六说："我听法医给我这样讲，当时我就火了，放你娘的屁，故事也编得太不圆了，哪有那么多'刚好'？别说那么小的豁口，人很难卡在那儿，除非你自己把脖子伸过去，就是真卡那儿了，咋就直接割住大动脉了？那豁口都多少年了，钝得不行，能割断吗？全是胡扯。我说，我们主张是凶杀，必须立案。人不明不白死了，连个说法都没有，要不然，依你明太爷的脾气，他在棺材里也要出来骂我们这兄弟几个。”

“凶杀”，这个词一说出口，迅速传遍了整个吴镇和梁庄。人们猜测着谁可能是凶手？明太爷的仇人是谁？

明太爷年轻时经常和人发生冲突，邻里关系很一般。明太爷家兄弟多，生活苦，他又是老大，事事出头，和邻里经常有矛盾，一言不合，拳头就上去了。但那些和他发生过矛盾的人如今大部分已经去世，而那些邻居的后代，和明太爷的弟弟们玩得非常好，根本没在意明太爷这个日渐衰老的老头子。另外，他年轻时长年出车在外，有时也会挂彩回来，但这么多年也没见有谁来这儿寻过仇。还有就是，在吴镇街上，明太爷基本上就是孤家寡人，很少和人交往。修车铺的生意有一搭没一搭的，久而久之，几乎没人登门，所以，不可能是因和客户结怨引起凶杀。

最重要的是，明太爷虽然爱打抱不平，经常到乡政府去胡骂，抨击社会，大骂世风日下，但是，他不结私仇。他骂党委书记，骂村支书，骂所有在政府院子上班的人，听着固然让人不舒服，但大家也并没往心里去，因为骂所有人，等于谁也没骂。再说，没有哪个干部会傻到找他复仇，明太爷还没有重要到那地步。所以，真要说凶杀，基本上也站不住脚。

又有明白人说，不管说是谁杀的，基本上都不可能。一是明太爷家的门是从里面锁着的，除非有人从后院翻墙进去，可是，警察已经反复检查过了，后院的墙上没有任何新翻动的痕迹；二是即使真是他杀，谁会在脖子上那个方位捅个口，一般不应该是在胸口或心脏上吗?

这时候，又有新的发现，明太爷的枕头下面有几片安定，床头他的大茶杯旁边也有一片，茶杯上还有安定粉末的残留。也就是说，那天晚上，他先是喝醉了酒，睡觉前，还吃了安定。法医说，醉酒本来就神志不清，安定如果发挥作用的话，可能会加重症状，陷入昏睡或迷离状态。这样，他到缸边喝水，当那个小豁口割到他时，他极有可能突然昏迷。这样，头和脖子的重量就完全压在那个豁口上，会加深脖子上的伤口，割破动脉。

这样一说，老六也有些不确定了。他想起当年主张母亲去郑州锯腿的后果、姊妹们对他的埋怨，也就不再坚持。兄弟姐妹几个一商量，说还是等灵兰大奶奶回来再说吧。

傍晚快六点钟时候，灵兰大奶奶回来了。她看见门口围那么多人，脸上的颜色就有点变了，进到屋里，看到明太爷的尸体，扑通一下，直接软了下去。

警察把她拉到一旁，问她前一天晚上到哪里去了。她说她住在教会里，明太爷一直吵她，要让她把藏着的酒拿出来，要是不拿，就要打她。她不想让他喝，也不想让他吵她，晚上就到教会住了，星期天一天都在忙。

警察相信了她的话。明太爷和灵兰大奶奶经常吵架，一吵架，灵兰大奶奶就离家出走，或住在教堂，或住在教会姊妹家，这所有人都知道。

灵兰大奶奶坚决反对把明太爷送到县城解剖。她说明太爷活着活得不舒坦，死得也不舒坦，至少，得落个全尸。再说，他两个孩子回来了，要是看见他们父亲成那样子了，怎么能受得了啊。

明太爷的案子就这样结了。明太爷折腾一辈子了，就让他安安生生下葬吧。

可是，并不是所有人都想通了。明太爷最小的弟弟老六就一直想不通。

他说："你不知道，你明太爷最后几年有抑郁倾向，他嫌丢人，不想让别人知道，每次到穰县来，都是我带他去开点药，他也带吃不吃的。你都知道，他最后几年和原来不一样得很，像变了一个人似的。原先多活跃一个人，到最后，谁都不见，我打电话也经常不接。一说就说社会不好，看不惯歪风邪气，连看个新闻都把他气得要摔盘子摔碗。不知道他在想啥。你明太爷啥习惯你不知道？酒一喝美，倒头就睡。不管外面多大风多大浪，他啥都听不见。他后来为啥酗酒，也是因为睡不着。你说，你都喝醉了，倒头睡了就行，你吃啥安定？我都不敢想。"

我也不敢想。我不能认同老六的推测。我不愿相信，那样一个宁折不弯的人，多少人劝都拉不回来的一匹野马，怎么可能自己去做自残的事情?

在我的记忆里，明太爷还是那个和我父亲彻夜长坐、沉默不语的中年人：漫漫冬夜，他们坐在堂屋的角落，守着一个燃烧的大树根，身体缩着，手伸向火。他们在想什么，他们彼此的慰藉是什么，我一直都很好奇。我是多么希望那个时候我就是一个大人，能感受到他们沉默中的交流。

如今，两个人都去了。父亲不用穿过半条街去找明太爷了。有时父亲担心找不到人，早晨五点多就起来去敲门，让他躲无可躲。明太爷也不必再承受朋友离世的伤心。明太爷在看到父亲棺材时那一刹那的苍白，我永远不会忘记。那是突然意识到的分离和悲伤，是无所依靠，是两个相伴多年、已经成为彼此一部分的伙伴一下子被割裂开，那疼痛是直接且致命的。

但愿这两个好朋友，能在另一个空间找到彼此。

灵兰大奶奶

我们先是去明太爷家里找灵兰大奶奶。

原来长满荒草的门前被石灰抹平，干净整洁，门口两旁，一边放一个大花盆，花盆里种着冬青。铝合金的卷闸门半卷着，里面是一个钢化玻璃的大门，门上上着锁。透过玻璃往里面看，太阳正反光，什么也看不清楚。

站在一旁的邻居说：“你们去教会找，她肯定在教会。”

沿着内街的路向西走，不到一百米，就到镇西头的那条老公路，过老公路，过路边的几家楼房，田地旁边，一栋崭新的、长方形的两层楼出现在视野里。

这是吴镇2018年新盖的教堂。一层是个大厅，足有三百平方米之大，大厅左边尽头有三间房，房子里坐着几个人。看到我们四处张望，一个年龄约七十岁的妇女走出来，笑眯眯地问我们干什么，我们说找灵兰大奶奶，她说她这会儿在一个姊妹家，一会儿要去接长老。我们说那就在这儿等着，她说，那我带你们上去看看。

霞子盯着那位妇女笑，说：“吴阿姨你不认识我了啊，我是霞子啊，见天从你们门口过，给你打招呼。”

“哎啊，是霞子老师啊，你来教堂了，来了好啊，来了好，没事要多来来。”

吴阿姨上前拉住霞子的手，一边带我们往大厅右边的楼梯走。

霞子说：“吴叔还好吧？”她扭过头对我说：“吴叔原来是咱吴镇镇北的老支书，人可好。”

吴阿姨说：“好，好，他好着呢。”

二楼设施也非常简单，左边是一个稍高一点的台子，台子背墙上挂一个巨大的十字架，前面一个布道桌，右边一直延伸到房间尽头，是一排排红色的长椅和长桌。几个老年妇人正围在一起唱赞美诗，旁边的桌子上放着一些简单的食物。

吴阿姨说："她们是上午听完布道，还想听下午的，家太远，来一趟不容易，就不回去了。"

吴阿姨殷切地看着我们，说："福音听着可美，你忙归忙，若心里接受了，虽然学校里有事，还有工作，但有时间就再过来。"

吴阿姨始终带着微笑，她看我们的神情，就像看迷途的羔羊，充满慈爱和惋惜。

这时，灵兰大奶奶打过来电话，说她要在家等长老，让我们先去她家。

楼下门口已经陆陆续续有人过来了。骑着电动车、自行车，也有三轮车拉着几个人过来。大部分都还是女性。

灵兰大奶奶就站在门口等我们。看到我们过去，赶紧迎上来，一一辨认："啊，哟，我看我认得不认得，报上名来。小清、毅志、霞子，我还认得，大像还在，来，来，赶紧进屋来。"

她一边让我们进屋，一边回头问我们："你们都信耶稣不信？"

霞子打着哈哈，说："有时也念念《圣经》。就是太忙。"

我已经至少三十年没见过灵兰大奶奶了。在村庄时，明太爷经常来我家，一坐就是一天，灵兰大奶奶从来没去找过他。我听父亲说过，他们感情不好，灵兰大奶奶好跑，一天到晚跑着唱诗、信主，明太爷对她意见很大。

眼前的灵兰大奶奶穿一件半长的暗红格呢子大衣，瘦腿黑牛仔裤，红运动鞋，头发拢在后面扎了起来。整个人看起来面容光洁闪亮，神情愉悦，步伐轻快，根本看不出已经是七十岁的老人了。

走进房屋，我吃了一惊。

房子完全变样了。前院和后院全部封闭了起来，整座院落变成了一个几室几厅的公寓房的形式。淡黄色的大理石地板，枝形水晶吊灯，灰白色的布艺沙发，一个十字绣的十字架挂在客厅的正墙上，红色的十字架，白色的底，四周玫瑰环绕。前院的门和窗都是钢化玻璃，中午的阳光充分地照射进来，整个房间明亮温暖。灵兰大奶奶引着我们往客厅后面走，后院的位置盖了三间房：两间卧室、一间厨房，都非常整洁、有序，很有家的感觉。

几年前和父亲一起来找明太爷，明太爷刚一打开他的实木大门，一股子霉味就扑上来。客厅里昏暗破败，堆满他修理自行车用的各种工具、材料，角落里放一张小小的行军床，蚊虫绕着人的头顶盘旋不已。往后望去，后院长满荒草，蚊子密密麻麻，快成一片黑色了。据老六的叙述，明太爷去世时的房间也是如此。

“灵兰大奶奶，这房子是啥时候修的？真好啊。”

“啥时候？你明太爷 2017 年 5 月走的，人埋完，俩娃都要回北京上班，走时儿子说，妈，把这房子修修吧，不然你一个人在家我不放心。我说行。我一个人住也真是有些头皮发麻。”

“那你为啥不去北京？”

“我不想去。我去给他们照顾娃的那几年，真是住够了，见天上楼下楼，到处都是楼，看着头晕。你看这多美，出来就是地面。到教会也方便，闲的时候还能到小广场那儿锻炼锻炼身体。我啥都不缺啊，闺女儿子成天打电话问我，要不要钱。我有养老保险，还有早年民办老师那个钱，都够了。都是神的旨意。”

“这房子修修得多少钱？”

“我不知道。儿子不让我管，说你啥都别管。我就给工人倒个茶，到七月份就修好了。”

“那咋明太爷在的时候不修呢？”

“你敢动他东西？他啥都不让人动。儿子早就说要修房子，原来那房子多破啊，院子的草都长到腰那儿了。他不让动，儿子就不管了。他和儿子不对付，他这个人和谁都不对付。他要是让动，那口破缸早就扔了，就不会出那个事儿了。你说，那有啥用？他就是犟。”

“明太爷到最后到底是为啥的？”

具体事是为南水北调的河道占地赔偿。一个人两万多。儿子儿媳都不在家，你明太爷去找村支书，当时的村支书说，谁不知道你儿媳妇和孙子？没事儿，不用回，到时肯定会有。可是，真要分地时，要看户口本，一看，没儿媳妇和孙子的，你明太爷赶紧往北京打电话，让他们回来办。耽耽误误，快一个月才办好。可拿去了，说有个土政策，寒露前交户口本的，能分到钱，寒露后就没了。你明太爷气得浑身发抖，当时就连骂几天。也没人管。

自那以后，他就成天睡觉，不出门，只没酒时出去一下，再不是大中午跑到梁庄，跑到乡政府门口骂一圈儿人，回来接着喝，接着睡。就为这回事。成天喝得鸡不认得鸭子。他这个人，谁都劝不了。本身就厌社会，啥都不满意。我嘴里没说，心里说，现在领导人带着大家奔小康呢，缺你啥了？这都持续有月把时间，我要是说一句，他就又蹦又跳的。我看着不对头，想着再不管那能喝死。那天上午，我把酒藏到一个篮子里。到下午，他上楼来找我说，我酒呢。声音可大，吓人得不行。我说没酒了，你就别喝了。他说我知道有，你赶紧拿给我。他逼着我，让我拿，我只好拿给他。他说你给我做点饭，赶紧去教会吧。他这点是早就改正了，他让我去教会，早晚有事，他都让我去。我把饭做做，他躺在床上不起来，说你把饭盛一碗放在小桌上。我说行。他说你走时把门关上，我说关门干啥？我心里想着是不关门，说不定有人来给他岔一下。谁知道他扑腾一下从床上起来，把凳子一踢，跑到我面前，说，你成天……！他奓着两只手，想打我，我吓得不得了。赶紧跑出去。

我也气得不行。那天练圣剧，要排、跳舞、演剧。到七八点钟，我给教会看门的会子说，我今晚上不回去了，你把门反销上，省得他来闹我。可我心里还不放心，我给你明太爷的妹子打电话，说你来给他岔一下，他不听我的。谁知道他妹妹说，我不去，他又不听我哩。你看，那可是他亲妹子，都不想理他。后来我才知道，那天他又到小卖部拿了两瓶酒。我以前给他说过，你要喝，我也没办法，耶稣可以保佑你，你也祈祷一下，我到神面前也祈祷你平安。他说，我不，我在党旗下宣誓过。那天晚上，啥事没有，我心里很平安，我要是心里着急我肯定就回来了，也就不会出这个事儿了。第二天，我们就出去了，演剧、唱经。

下午四五点钟我回来，一看家门口到处都是人，我吓得腿发软，心想着肯定是出事了。到屋里一看，人已经躺在地上，身子还是弯的，床上到处都是血啊，枕头上、席上，全是血，都变成黑的了。法医说是那个烂缸扎住他了，血流完死了。我魂都上天了。他们说赶紧给俩娃儿打电话，叫他们回来，我连电话都拨不成。再咋样，是一家人啊，我也不想他走啊……我这一生，到他这儿算是把罪遭完了。他这个人是没一点歪门邪道，他要是会点这个，也会活套点，他就死不了。人算是都让他得罪完了。以前想着他只是脾气暴，后来这十几年，发现不是这样子。他是啥都看不惯。那年汶川地震，大家都哭得不行，他也哭，非要跑到邮局捐钱。捐就捐吧，又跑到乡政府骂人，说人家草菅人命。你说，四川的事儿，和人家啥关系。你是个啥，你非要管？一喝酒就胡骂。街上人家都老老实实生活，你凭啥？连乡政府才来的书记他都提名道姓骂人家。他不怕事儿，人家越拦他，他骂得越凶，厌社会得很啊。成天说我是党员我得说，这社会都成啥了，都不管。他气得饭吃不下觉睡不着，你说，你说说也行，骂骂也算了，你把自己气成那样干啥？

后来想想，也有预兆。他死前头两天的下午，我正在做饭，他说你上去休息吧，我刚上去，就听见有人说话，我一看没人，就觉得很奇怪。再往前一个星期，街北头死人了，我在楼上，他出去在门口邻居家聊天，我不爱去。我八点多都睡了，九点多，突然听见有人喊，大姐大姐，是我妹的声音，我一开窗户，没见人。咱也没经见过，没当一回事。现在想想，可能就是叫他走哩。

他人是好人，就是偏执，醒不过劲儿。在北京，我去教堂，他也跟着我参加过祈祷。我心里可平安。一遇见事儿，譬如国家大事，谁贪污受贿了；家庭小事，谁不孝敬老人了，他都气。后来，他贵贱不信了。最后，那段时间，主要就是为河道这个事儿。咱们村里处理这些事也真不像话，咱有媳妇和孙儿，这都是事实，所有人都知道。需要户口，我们补办就是了，你非要卡在寒露前把户口办好，寒露后就不给你了。这是啥道理？你明太爷想不开，就一直气。你想，以前不为啥事，他都气，现在，是自己事儿，他更气了。你说，那钱算啥，他现在真缺钱？命都没了，你要钱干啥？谁也救不了他。我们信耶稣，是个人的救主，爹妈不信也不行，信主的得永生。其实他人也不坏，重活也不让我干，就是脾气坏，年轻时打架，把我头发拽掉了，我现在那一片还没头发。他骂我，我也骂他，成天吵啊，我见他我都吓得浑身发抖。后来，我不和他过了。你们不知道，我们俩手续都清了，三十九岁时，我们都离婚了。我回娘家不到半年时间，他又去找我。为了娃们，也怕别人再给我找婆家，太丢人，我又回来了，不过手续一直没再办，想着太丢人了。一辈子，就在他这儿担心受怕。我在我娘家里，就是家里咋穷，我爹妈都稀罕我得不行，从来没给我提过高腔。

灵兰大奶奶神情非常激动，说到伤心处，全身发抖，哽咽得说不出话来。稍微平静了一下，她站起来，给我们倒茶，让我们吃爆米花。

这时候，她的手机响了，长老到了。

我们大家一起站起来，迎接长老。长老是个微胖的年轻人，看起来非常和蔼。

我们说要告辞。灵兰大奶奶说："不急，既然都在我这儿，那就祷告一下，祷告一下再走。"

灵兰大奶奶站到客厅前的十字架前，喊着我们："小清、霞子、毅志，赶紧都过来，都过来。"

她给大家相互介绍，说："小清在北京教书，可聪明吧，毅志也是医生，霞子是老师，也爱读《圣经》，都可好了。这是咱们今天请的长老，神学院毕业的。讲得可好。"

她又恢复了愉悦、轻快的神情，让大家站定，带头唱起来，声音清亮纯净。她的声音携带着某种奇怪的信息，慈爱，有回音，就像来自苍穹深处，那里有宽广的时间和空间。

我偷偷睁眼看了一下，灵兰大奶奶双手紧握，头微低，神情非常严肃、虔诚。我赶紧闭上眼睛，听着亲切的乡音，那乡音正在呼唤居于万物之中的上帝，让他看顾、祝福他的儿女，并救他们脱离凶恶。我感觉自己也慢慢进入某种状态——无我的、舒缓的时间长流，无始无终的原初状态。我似乎有些理解，并且羡慕灵兰大奶奶了。

这座明亮的、干净的、被主照看的房屋，再也没有任何明太爷的痕迹。那个致命的水缸，连同他的修理器具、被褥衣服，满院的荒草、颓败，满世界的叫骂和不满，统统都被扔掉。

明太爷从这个世上彻底消失了。

门开着开着就不开了

清立。

那个刀不离身的男人。

有父母，有自己的房屋，却已然是一个乞丐。他每天在村庄、河坡、野地游荡，嘴里喃喃自语，谁也听不懂他在说什么。有时，他也站在人群的边缘，脸上挂着尴尬的笑，侧耳听着。

村里所有人都知道清立精神有问题。他手里拿着刀，如果手里没有，就一定在腰间别着，但是，没有人觉得那把刀会砍向自己。尤其是，在十几年前那场村庄里的追打之后，所有人都以为，那把刀已经完成了自己的使命。

清立从来不远离村庄。他只在村庄周边的路上、河坡上、庄稼地里来回走。不管啥时回来，父母家里都会有一碗粥、一块馒头或其他剩余的饭食，他也不管凉热，有什么吃什么，吃完再出去。夏天涨水的时候，他仍然会挎着篮子到河里捉鱼，没人和他搭帮，但是，每次，他似乎都能捉到个头很大的鱼。秋天的时候，他仍然会到河坡里割蒿草，成堆成堆地割，割完拉回家，堆在房间里、院子里。

没有人真正看见清立，虽然他每天在大家眼前晃动。没有人会因此在他身上停顿一两秒钟，就像尘埃落在衣服上，不会有丝毫感知。他实在是太无足轻重了。可在岁月的磨炼中，他像苔藓一样，非但没有瘦弱、衰老，反而更加强壮，双眼天真，身体灵活，显现出无欲无求的顽强生命力。

2016 年深冬的一个傍晚，寒风呼啸，大地冰冷。人们紧闭院门，窝在家里吃晚饭、看电视。突然，梁庄村中心的地方传出大声吵闹的声音，那声音来回转移，仿佛有人在相互追赶，然后是凄厉的惨叫声。过了一会儿，又传来更加尖锐的声音："救命啊，救命。"

人们打开房门，往村中心的方向跑去。那是一片废墟地，到处都是荒草，平时根本没人往那边去。

大家赶到的时候，看到清立双手倒提着两条腿，正在把一个人往早已废弃的水井里塞，像塞一团破布一样，又是撴，又是用脚压。被塞的人还在喊救命，但声音已经微弱、模糊。清立的弯形镰刀扔在一旁的地上，刀上沾满了血迹。

这时，有人指着井口，惊叫："那不是虎子吗？"

虎子的脸被清立上上下下提着，一会儿露出来，一会儿又进到井里，但是，他的卷头发和一身蓝黑色老棉袄还很显眼。

大家赶紧上去，按住清立，把他拉到一旁，把虎子从井里拉出来。

虎子的双腿已经被折断，脖子上有几处伤，刀痕很深，其中动脉处汩汩流着血。

清立拼命扑腾，想从几个男人的按压中挣脱出来，嘴里嚷着："他看不起我，他梁虎子还看不起我。他自己是个啥人？"

虎子抽搐了几分钟，停止了呼吸。他身上酒味和血腥味混合着，非常可怕的味道。

清立的半瞎父亲匆匆赶来，看着咽了气的虎子，朝清立喊着："傻儿子，你看看，你把人打死了啊，你打死人了啊。"

清立大声回着："死了好啊，我就是要打死他，我就是要弄死他。"

警察很快赶到，把清立带走了。

梁虎子，梁庄著名的单身汉，年轻时曾经出过远门，放过豪言，吹过大话。人到中年之后，随着家贫找不到老婆这一事实的呈现，变得消沉、内向，很少和人交往。唯有喝醉酒的时候，喜欢到处挑衅，打人吹牛。

这天晚上，梁虎子在镇上喝了些小酒，一路醉醺醺的，到处找人挑茬寻事。清立正好迎面走了过来。清立每天晚上都在村庄游走，像一个夜游神，悄无声息，没有人注意到他，他也不和人打招呼。

虎子喊清立，清立不理他，继续往前走，虎子不依不饶，挡住路不让他走，嘴里说，你一个精神病，还傲得不行，小心我揍你。

清立给警察说，那虎子坏得很，欺负他、推他、打他，还要抢走他的羽绒服，那是他儿子从青海回来给他买的。清立说，这样的坏人，我就是要杀死他，就是要杀死他！

案件事实清楚，清立杀了人。杀人就要坐牢，可是清立又是一个失去清醒行动能力的精神病人。

怎么办？

这一次，没人保清立出来。十几年前砍老老村支书的时候，有梁庄人暗地里帮助清立做医疗鉴定。一是清立确实有病，让人同情，更重要的是，清立所做的可能是很多梁庄人都想做的，老老支书所积的民愤太深了。

清立的儿子刚刚成年，不能做出什么决定，清立的父母和两个弟弟始终保持沉默。就这样，清立在监狱住下了。

在一次和清立弟弟的交流中，清立弟弟说："我去看过他，他过得挺好的，吃喝都有人管，人还胖了些。你说，咱要是把他弄出来，谁来管？我爹我妈老了，根本管不住他。他儿子还要找老婆，家里放着一个精神病爹，哪家姑娘会找他？要是找个精神病院住院的话，那治疗费用得多少钱啊，这个钱谁出？到时也是艰难。还不如在那里面。"

一群人都默默点头。实际上，监狱确实是清立最好的去处。

虎子的遗体在村里停了两天，曾经有家族里的人想着向清立家要点什么，哪怕丧葬费也行，但是，想了想清立父母的样子，觉得实在要不出什么东西，也就没有提出来。两天后，在村集体的帮助下，梁虎子的尸体被火化。没有人知道，也没有人关心，虎子的骨灰放在哪里。

梁庄一下子消失了两个人。

梁清发。梁清朝。梁五昌。韩太宽。

2015 年腊八节那天，天气晴朗，阳光普照。梁庄村的人们个个喜气洋洋，淘米洗菜，拼凑八种食物，大米、小米、红枣、红豆、绿豆，再抓把芝麻、葡萄干、冰糖，准备熬腊八粥。腊八粥一喝上，意味着年就开始了。有性急的人，或者春节前没什么生意和活儿的人，一般在腊八节前就赶回来，准备年货，走亲访友。

上午十二点多的时候，七十四的多婶儿正在家里熬粥备菜，多婶儿的大儿子推门进来，神色凝重。她老伴儿去世得早，两个儿子也早已结婚生子，分屋另住，她自己独居在村后老屋。

多婶儿的大儿子已经五十多岁，早年长年在西安，开个面条铺子，生意非常好，赚了大钱，前几年在村里盖了两层楼房，在城里也买了两套房，接了儿媳。近几年，儿子儿媳把生意接了过去，他们老两口在家带孙子孙女。

多婶儿问大儿子："咋了，咋看着恁不高兴？"

大儿子扶着多婶儿，说："妈，我给你说，你得挺住，仙儿都已经哭晕过去了，你不能再出事了。"

多婶儿脸色顿然变得苍白，倒在了地上，大儿子赶紧撑住她。

多婶儿的小儿子梁清发这几天在河里干活。上面要在河里建一个大型垃圾填埋场，梁庄村的王家明仗着多年的人脉关系，把这个活儿揽了过来，自然地，找了村里几个干建筑工的人去干活。

"是墙塌了。把几个人都窝进去了。"

多婶儿一下子瘫倒在地上，放声哭起来。大儿子蹲在多婶儿身边，也抹起了眼泪。

河坡里，人们已经围得里三层外三层。有人躺在鹅卵石上哭，有人坐在地上抓着沙，一把把往脸上抹，往上空抛。

垃圾填埋场还只是个大圆坑，约有五亩地大小，那是当年挖沙后废弃的大坑。一个带着巨大石磙的压路机和一个大型推土机停在工地中央。工地四周，是三面薄薄的墙，另一面墙已经坍塌，一群人站在上面，指挥着扒砖。

在墙旁边，躺着两具尸体，头上蒙着衣服。有人坐在旁边，抱着尸体声嘶力竭地哭。

又有两个人被扒了出来，早已没有了生命体征。

四个人，全部被压死了。

人们议论说，是哪个缺德的拍脑袋做的决定？在河道里面筑墙，不出事才怪呢。地下都是流水，流水带着流沙，一年半年还行，两年三年，那地基再结实也会被冲坏。那天上午出事的原因就是，几个人在墙这边粉刷沉淀池内墙，墙的另一边，铲车在外面推填沙土，夯实墙基。可是，那薄薄的墙体根本承受不住那么大的压力，直接倒了下去。

在办理赔偿的过程中，人们听到消息说，这个工程被转包了好几层，转到王家明那里时，几乎没什么利润了。王家明只能从建筑材料和工程质量方面削减费用，墙体做得非常薄，地基也打得很浅，找的铲车司机也没有资质，完全是个新手。

人已经死了。哭也哭过了，人死不能复生，眼前最现实的事情就是怎么为生的人多争取利益。村里有见识的人把几家人叫到一起，说得赶紧商量出个方案，死这么多人，是重大事故，政府肯定会积极处理。

有媒体得到消息，迅速出动，派人来到现场，一番采访和拍照之后，几个人蒙着白布躺在沙滩工地上的照片被发到了网上。凌乱凄惨的工地，荒凉寒冷的河滩，单薄到似乎一戳就倒的墙体，网友疯狂跟帖转帖，很快就成了热点。

果然，当天傍晚时分，政府派人到梁庄，让每家出个代表谈判。

政府所提出的赔偿金额远低于受害人家属的心理预期，并且，要求家属必须立即抬走放在河滩里的尸体。

几个家属被政府人员的强硬态度激怒，也认为那样的赔偿金额是绝对不行的，就拒绝了让把尸体抬走的要求。

那四具尸体一直放在工地上，冻得透透的，像个大冰块。几天过去，泥、沙混在一起，那白布早已看不出白色，肮脏污秽。几家家属背着被子、干粮，住到沙坑里，轮流去看尸体。

那几天天气骤冷，下起了雨夹雪，人站也不是坐也不是，根本没地方睡，苦不堪言。但是，政府一直死咬着原来的金额不放，这边也不能妥协，只好任尸体躺在泥污里。

自此，去世的亲人不再是亲人，只是筹码。

恰逢春运，“农民回乡”“常回家看看”“美丽故乡”又照例成为媒体的主题，穰县的这个事故夹杂在中间，显得极不协调。

上级要求穰县必须在最短时间内处理好这件事，让大家好好回家过年。于是，县政府的谈判人员再到梁庄，这次的赔偿金比原来高出很多，也提出承担丧葬火化等费用。同时，又打听到其中两家的亲戚在穰县政府工作，让那个亲戚回来说服那两家，许诺暗地里加些钱。

第五天时，那两家人协商达成了，把人拉走了。

多婶儿天天在家哭。她的儿子清发是那四个人中年龄最小的，才四十四岁。清发自己一儿一女，大的孩子才上高中，清发走了，留下清发老婆一个人带两个孩子，那日子怎么过啊。她怎么也想不通自己怎么会摊上这样的事情。她一辈子谨小慎微，不得罪任何人，不多说一句话，靠安安分分让一家人走过最艰难的日子。那些政府谈判人员找到她，时而好言好语，时而又暗含威胁，她只头低着，一句话也不说。

多婶儿的大儿子也害怕和政府人员打交道，只在河里死死守着弟弟的尸体。

可是，人终究得埋，年也终究得过。

到腊月十五那天，政府人员和几家受害人都疲惫不堪，于是，就提出一个最后方案：一人赔偿四十万（和之前的方案相比要多出一倍），同意了，立马就签协议，如果不同意，那他们也不管了。“那你们就守着尸体过年吧。”谈判人员扔下了这样一句话，走了。

所有人都同意了。

腊月十六那天，梁庄同时办了四个人的丧事。梁清发，四十四岁；梁清朝，五十三岁；梁五昌，五十六岁；韩太宽，六十三岁。

河坡里恢复了平静。开始过年了。

梁庄一下子消失了四个人。

赵平。

霞子的父亲。2017 年十二月初九去世。

我爹一辈子都没闲过。他说在屋里闲着没意思。他这几年在砖厂干活，每天骑自行车上下班，非常准时，早晨五点多去，中午回来吃饭，下午两点以后再去。活也不重，拉闸，拔闸，看传送带，但是，就是得守着。一个月挣两千左右。我妈不会伺候人，粗枝大叶，她自己就活得很粗糙，也不会照顾我爹，我爹回来连个热饭都吃不上，喝水就喝凉井水，不讲卫生。你想，他都七十岁了，夏天特别热，高温，年轻人都受不了，一直疲劳过度。那年我去支教的时候，他的饭量就明显小了，走时我心里就不太美气。应该是那时候，他身上的器官功能就已经退化了。他年轻时干活可下力，在砖瓦厂做瓦，那可真是重体力活。他人缘好，咱们村里人也都爱找他帮忙，黑明白天干，靠吸烟提神。他一辈子没停过烟，中间做过检查，肺里一直有阴影，年轻时肯定累住过。有一年给老汪家弄瓦，一直干，头肿多大，老汪头给我爹两元钱，还被他老婆骂。我爹从来不说，还是我妈给我说的。不过，最后几年，他也没大病，吃饺子还能用烩面碗吃两碗。家里人都好挨着，自己身上不舒服，也不吭气，看着不对头，不过大家都忽略惯了，只要不是疼得受不了，谁也想不起来说去看病。腊八那天，他还在丰树家吃饺子，第二天下大雪，丰定叫我回去吃火锅，说把爹和妈也接过来，一去一看，我爹的脸都黄得不像样子。当时，雪太大，人家 120 都不愿意来。上午赶到穰县医院，下午就不行了。说是肾衰竭，排尿都不行。那几天，他只说胳膊困，困得抬不起来，我妈都没想起来和我们说。也算走得安生。我爹一辈子兢兢业业为儿女，真是奉献到最后一分钟，一点儿私心和其他事儿都没有。当年我考上师范，是自费，四千八百块，1988 年，那是啥概念，真是巨款啊。我都说不上了，是我爹力排众议，把我家攒的盖房子的砖和瓦都卖了，最后，凑够了钱。要不然，我现在还不知道在哪儿呢。

总体来说，还是家底好的、没出过力的，走得安生。韩义的妈，九十多岁，器官衰竭，自然去世；梁定的妈，九十岁左右，自然去世。家境好，从来没受过罪。安安生生地，自然死亡。心理焦虑的人还是死亡早，身心疲惫。韩福生，七十三岁左右，肺癌，死在外面，一直帮儿子干活干到最后一分钟。韩兴定是肝癌。八月十五闺女买的月饼，吃完就难受，觉得是月饼的问题，就用偏方来治，结果越吃越严重。儿子们都在外面校油泵，到韩兴定咽气还没赶回来。韩家兴超的老婆，就是在西安卖熟食，你还采访过他们两口子。她命可真苦，乳腺癌、肺癌、宫颈癌。才五十多岁，后来干脆也不治了，闲时来个小牌，天天笑着说，我在等着死。2018 年夏天，死了。

梁建宽。

2016 年夏天，梁建宽，梁光正的哥哥，即我的大伯，在新疆去世。1950 年代，他跟随着众多南阳人，响应政府号召，到新疆石河子市落户，支援边疆建设，其实，也是找条活路。自此，大伯在新疆成家生子，儿子又娶媳妇，成了彻彻底底的新疆人。大伯回来很少，我对他的印象很浅，据父亲讲，他性格内向、懦弱，能在新疆农场被分配那么一大片地，耕种劳作，获得生活来源，实属幸运。如果他待在老家，以他的性格，连生存都有可能成问题。近些年，大伯的儿子回来较多，他继承了大伯的内向和老实，大家帮他在老家找了个媳妇，带回新疆，帮大伯解决了心病。没想到，这个儿媳却成了大伯的噩梦。大伯和儿媳水火不容，经常吵架，到最严重的时候，他们还大打出手。其中最核心的问题是，大伯把退休金紧紧捂在自己身上，一分钱都不让儿子儿媳花，也不让孙子花，谁也要不出一分钱。当然，他自己也不花，把钱存在存折本里，存折本藏在谁也找不到的地方。儿媳翻箱倒柜，没有任何结果。

不过，他至死都没想到，他的弟弟已经走在他前面了。父亲去世时，大伯已经病重，商量之后，大家就没有告诉他这个不幸的消息。他一生佩服他的弟弟能说会道，一生都觉得弟弟肯定能长寿、能活过他。

梁万生。

文哥的儿子。常年在新疆打工，老婆带着两个孩子在家。2017 年秋天，一天傍晚，万生骑着电动车下班回家，父亲给他打电话。他停下车去掏口袋里的电话，就在那一瞬间，一辆疾驰过来的大卡车撞了过来。万生直接被撞飞了。梁庄的人都说非常奇怪，万生并没有站在路里面，新疆的公路虽然窄，但车很少，不会出现车紧擦着人过的现象。可是，那辆大卡车就像专门拐了弯过来，撞到万生身上。文哥在这边还拿着电话，听到那边一记闷响，接着是刺耳的刹车声，然后，就再也没有声音了。文哥带着几个人，赶到新疆，拿了卡车司机赔偿的几十万元，带着万生的骨灰，回到了梁庄。万生老婆凤玲没有改嫁。如今，万生的儿子已经娶亲，和媳妇一起外出打工，凤玲在家照顾两个孙儿。那笔钱，牢牢地放在存折本上，除了像万生儿子娶老婆、盖房子这样的大事儿，其他时候，就像它不存在，绝对不打它的主意。

万生去世时四十岁。他十五岁出门打工，一年回一次梁庄。

在这年前后，梁庄有三个年轻人，在不同的城市、不同的道路，以同样的方式非正常死亡。都是下班或上班，都是被车迎面撞过来，都是老婆孩子还很年轻。

梁庄人都说 2017 年是灾年。

梁兴隆。

2020 年 4 月，新冠疫情刚刚开始好转一些。梁庄的老老支书梁兴隆去世，享年八十五岁。因为疫情，无法大张旗鼓办丧事，再加上他的大儿子已经去世，小儿子远在郑州，二儿子和他关系几乎破裂。于是，没有大庙小庙，没有亲人哭唱，没有锣鼓喧天，梁兴隆被潦草应付地埋在南坡上。

梁光正。

2015年12月19号（农历十一月十九），梁庄的梁光正去世，享年七十六岁。

梁光正是我的父亲。在他停止最后的呼吸时，我带着儿子和外甥女，正从北京往家赶。我没有赶上见父亲最后一面。

我到家的时候，父亲也刚从穰县医院拉回到吴镇的哥哥家。客厅已经腾空出来，父亲平躺在厚厚的麦秸上，脸上覆着一张黄纸。

我坐在父亲身边，不敢相信他就这样走了。经历了母亲去世，经历了村庄一个个老人的去世，可当这样的场景再次出现在自己身上的时候，还是无法接受。可是，我已经不会像少年时代那样，一次次掀开蒙在母亲脸上的纸，去确认什么。经历了三十年的死亡教育，我明白了死亡，也因此更加心痛。

几天的仪式之后，父亲被埋在梁庄后面的墓地，和已经去世三十年的母亲合葬在一起。

梁庄的老支书——父亲的至交，清道哥，一直跟前忙后，每天最早到哥哥家，最晚离开。他脸上的神情极为落寞。父亲走了，谁和他一起喝茶、说笑，谁和他一起打“斗地主”，消磨漫漫长夜？

父亲下葬的那天早晨，在棺材落地、人群散去的时候，我看到明太爷一脸苍白地从远处跑过来。混乱之中，我们通知了父亲远方的朋友，却忘了他最近的朋友。

父亲去世之后很长时间，我才逐渐意识到，我爱他，不是因为他是我父亲，而是因为，他的生命已经深刻地嵌入我的生命内部。“爱”究竟如何形成，以什么形态存在，这是我一直迷惑的问题。对于我们兄妹而言，父亲给我们带来的痛苦如同烙印，难以去除。另一方面，他性格中的种种，又无一例外被我们继承。尤其是我的大姐。她一生都强烈反对父亲（毫无疑问也最爱我的父亲），但也是她，性格方面完全复制了父亲。有一次回家，因为我没有给一位朋友的母亲一些钱（我是觉得不好意思，那么随意给钱有点不太尊重），而被大姐数落到痛哭流涕，就这样，她也没饶过我。在那一刻，她像父亲附体一样，说话的方式，那尖刻和愤怒的语气，和父亲一模一样。

为了思考清楚这个事情，我花了两年时间，写了一部小说，试图在超越现实的虚构之中找到某种类似于真相的东西。在写作过程中，我突然发现，父亲最大的品质不在于他多么幽默、善良，多么刺头儿，而在于，他的内在精神是开放的，他的人生让人看到更飞扬的、远超出自我的东西。他的存在方式具有很强的生长能力，他让你能自由思考。所以，在那部小说中，真实和虚构以最“你中有我，我中有我”的方式存在，这使我在整个写作过程中始终处于一种创造的快乐之中。我在真实父亲的基础上生成一个新的虚构父亲，并且，没有任何的道德羁绊。这真的非常奇妙。这是人的一种非常重要的形态，是一种很现代的东西，这是父亲身上所具有的品质。我觉得，我还没有真正想清楚。

我不知道什么样的情感是想念。只是，在某一刹那，在脑海深处，突然清晰地看到父亲的面容。有时，父亲以梦的方式出现在我的意识之中，并和我对话。我知道，我在想念他了。

梦之一。不知是什么事，我从老家门口经过，父亲从我们那个小厨房里出来，我惊喜地看着他：爹，你在家啊？在啊，父亲笑着看着我。他的左脸有点被压坏了。我盯着他，一声声叫他，想看着他如何消失。在梦里我知道我在做梦。在梦里我知道我再也无法抓住他。

梦醒之后，我打电话给家里的哥哥。哥哥到坟上去看，说是左边那个青石栏杆建得太往里面，压在坟上了。他赶紧找人把栏杆扒掉，往外面挪了一些。他让我告诉父亲，栏杆挪了，不会再压到他了。

梦之二。我站在集市上，一个陌生的集市，黑色的土地，白色的帐篷，有五颜六色的蔬菜和水果。我站在一个水果摊面前，扭头看到父亲，正想和他说话，一个穿长白袍的人从他的身体中穿过，他实在的身体突然虚化，发出星星点点透明的光。我手里拿着有黑色斑点的苹果，站在水果摊面前，眼睁睁地看着他散开，消失。

那一刻，我知道，父亲不在了。

2018 年冬天，我回到梁庄，到隔壁一个村庄参加葬礼。逝者是父亲的小学同学，他们的关系很好。葬礼过后，我沿着河坡边沿的路，踩着雪，往梁庄的墓地走。

清晨的阳光洒在铺满雪的大地上，枯萎的玉米秆子挺在河坡边的拓荒地里，东一片，西一片，像一排排卫兵。乌鸦闪着黑得发亮的翅膀，在树木的枯枝间盘旋，像黑色的精灵，在传递着某种消息。

大地上，只有我踩雪的沙沙声，只有我走过的那串脚印，它们从那座新坟一直通到父亲的坟边。我感觉我好像在替父亲的同学走过这段路，在替他走向他的同学——我的父亲，我站在父亲的坟边，他们就算碰到了，打过招呼了。从此以后，在幽暗的地下，他们又能够互相说话、打趣，聊着各种各样的事情。

在村庄里，所有的死亡都是死亡，也都是再生。

但是，的确，又是真实的死亡。

所有的仪式，所有的事物，包括那些在冷冽的天空中闪闪发亮的黑色乌鸦，都在告诉你，你的亲人已经去世。

这时，纪念才真正开始。遗忘也真正开始。

雪天的坟地

雪地

少年阳阳

我们坐在五奶奶家的院子门口聊天。

秋风卷着白杨树和梧桐树的落叶，金黄金黄的颜色，一层一层卷过去，像铺地毯一样，越来越厚，越来越软。公路笔直，阳光穿过纷纷下落的金黄树叶，在高空中洒下一圈圈金光，和着这洁白的路面，高远的蓝天，梦幻一样美丽。就连不远处文哥家那个灰黑色的麦秸垛，那个使用数十年、接送四个孩子上下学的破三轮车，也在这金色的笼罩下，变成了梦幻的一部分。

此刻，这落叶、这大地、这村后的河流，这温暖得让人喜悦的阳光，都如此真实。

我从来没意识到梁庄如此之美。尽管它的内部千疮百孔。

我突然有些羞愧，这羞愧其实已经暗藏心中已久了。这美丽的村庄（就此刻而言），我其实并没有在心里真正重视它。

我的父亲，在生命的最后几年，曾经几次提出要修老屋，都被我义正词严地拒绝了。我的理由是没人居住，一个潜台词是“过几年你将会去世，还有谁会住在这里”；还有一个理由就是太过虚荣，破了就破了，塌了就塌了，这是自然的行进，干吗非要再盖个房子。

父亲不再在我面前提这件事情。后来，大姐给我转述说，父亲还是挺伤心的，他是想着最后几年住回梁庄。他和我一起跑过那么多城市，也看过我写的文章，他有个想法——把梁庄老屋修缮一下，做个图书室，这样，全村人都可以来看书聊天，他日常负责打理这个图书室。

我不以为然。不是觉得父亲坚持不下去，而是，我对梁庄并不确信，虽然我爱它。我越爱它，越分析它，越觉得有些东西，尤其是在观念层面，像一个被包裹得严严实实的化石，很难打开它。

办一个村庄图书馆。这当然是一件好事情。但是，我担心的是，过了几年，它将会变成一个笑话。并且，我确定它一定会的。

此刻，我深深羞愧。

我没有重视父亲最后的念想，没有重视他想终老在梁庄的愿望，没有重视他微弱却珍贵的提议。他没向我直接说他的进一步想法，而只是向大姐说，说明他也没有信心。他的没有信心不是因为梁庄，而是因为我。

只有一个傲慢无知的人才会这样忽略父亲的内心，只有一个傲慢无知的人才会在父亲提到把自己的房屋修成一个“图书室”时当没听见一样。

现在，老屋的屋顶、屋梁已完全坍塌，四面山墙只剩下两面，里面的旧家具、旧桌椅和一些腐朽的农具都裸露着，任凭越来越厚的灰尘覆在上面。只有那扇木门还挺立着，毫无意义地上着锁。

邻居把院子里所有的空地都开辟成菜地，青莹莹的萝卜，绿油油的莜麦菜，贴地长的香菜、菠菜，都长得旺盛异常，一派生机。

门前两棵白杨树光洁笔直，随着偶然的微风，金黄的落叶翩然落下，像一阵阵叹息，那叹息非常遥远，好像来自宇宙的最深处。乡村的天空和大地，是如此宁静，它让你不由得体会自己的生命，感受自己的存在——微小的，却与天地共在的存在。而那些植物，又是如此生机勃勃，毫无保留地显现自身的美。

那老屋值得再次拥有生命。不是因为虚荣，不是因为忏悔，而是，那叹息和生机实在是太迷人了。我想长久地体验它。

还有，眼前的五奶奶，她的笑容、她的声音，也实在太迷人了。我喜欢这个小老太太（当时，我并不知道十几天后她会摔倒，会躺倒在床上，就像我没想到父亲那么快就去世一样），能和她多待几天，也是非常美妙的事情。

我在心里琢磨着，也许我该为老屋做点什么事情，也许我该回家。

五奶奶突然站起来，往吴镇方向的公路上张望。路的尽头有一个小黑点，正在往这边移动。

“好像是阳阳。阳阳回来了。”

那黑点越来越大，是阳阳。我一眼认出了他。当年瘦小的阳阳变成了一个微胖、高壮的孩子，还稍微有点婴儿肥，戴一副黑色眼镜。他站在我们旁边，五奶奶指点着他和我们一一打招呼，当听说我就是“清姐”，曾到青岛那儿找过他时，他眼睛一亮，微微笑了笑，算朝我打了招呼。

他的脸部轮廓没有变，只是大了一轮，最重要的是，他的眼神没有变，早年的寂寞还存留在眼底。从外表看来，阳阳郁郁寡欢，走路缓慢，像有千钧万顶压着他的脚，还有，他的整个身体都似乎仍在承受某种重压。

他站在旁边，一只手很自然地扶着五奶奶，认真听我们说话，待我们的话语有空隙时，他说：“我得进屋去，拿文具，我还得再回去，只有一个小时的假。”

阳阳进到院子，把背上的包放下来，掏出里面的衣服，塞到洗衣机里，放上洗衣粉，自己拧开，进到屋子里。

阳阳在镇上一个老师家里寄宿。光亮叔担心他在家里住没人管他学习，就掏钱给他找了一个寄宿家庭，半年两千六百多元，管吃、管住、管辅导作业，一个星期休息半天。平时，只能请假出来。有时候，晶子做好吃的，会去把阳阳叫回来吃。可晶子并不太会做，五奶奶又太老，做不动，阳阳大部分时间就待在寄宿家庭那里。

“娃儿是个好娃儿，就是学习不好。老师说他还算挺努力，也不惹事，就是成绩一直上不去，你光亮叔急得不行。”五奶奶说。

约几分钟时间，阳阳从屋子里出来，站在我们旁边，说：

“清姐、梅姐，我回去了啊，我作业还没写完。”

他像个小大人一样，一本正经，语调稳重，很场面。

“奶，我姐回来你给她说，给妈打个电话。我妈给我打电话，问了好几次，说我姐不给她打电话。”他边走边交代五奶奶。

五奶奶说：“好，好。你晶子姐好着哩。也没啥事，打啥电话。”

五奶奶应付着阳阳。

阳阳站住，看着五奶奶。

五奶奶说：“好，我说。你姐一回来我就和她说，我叫她打。”她回过头来笑着对我们说，“你看这小鳖娃多会管我，可向着他妈，他妈说个话，像圣旨一样。”

我朝阳阳喊着：“阳阳，过几天我请你吃饭啊。”

阳阳回过头，很认真地说：“谢谢清姐。”

几天之后，一个周日的晚上，在吴镇一家饭店，我请梁庄的一群小孩子吃饭。

晶子，十九岁；阳阳，十四岁；梁安的两个孩子，一个八岁，一个十岁；丰定的女儿，十三岁；丰树的儿子，十五岁；韩文强的儿子，十四岁，和阳阳同在一个寄宿家庭；还有几个更小的孩子，是晶子带过来的，都是梁庄的孩子，还有我自己的侄儿和外甥女。一共十四个孩子。

孩子们吱吱喳喳，在楼顶的天台上奔来跑去。霞子说，丰定的儿子已经大学毕业，现在找了个工作，还不错，丰定的这个闺女聪明好学，学习非常好，将来肯定能考上好大学；丰树的女儿当年高考一般，只上个三本，霞子让她在学校时考个教师资格证，前段时间，这个孩子也被录取了，现在在吴镇高中教书，非常好，丰树的这个儿子学习一般。

霞子指着其中两个最漂亮的小女孩儿，说：“你看，这俩孩子好看吧？头发卷卷的，像个洋娃娃似的，这是国定的闺女，你信不信？”

我不信，太不相信了。国定和我同岁，一张大脸，眼睛像睁不开似的，又小又迷糊，我印象中他眼睛一直被眼屎糊着，长大了还是小眼，一点儿也不好看。

这两个孩子跑得满头大汗，一会儿下楼，一会儿上楼，水灵灵的眼睛看着人，可爱极了。

“看见这个，你就得相信，一辈更比一辈强。”霞子说。

晶子站在天台边上，一看有孩子奔过去，就把他们喝回去。那天台的栏杆太低，用砖垒的，非常薄的一层，感觉稍微用劲奔过去，就有踢倒的危险。

阳阳一开始在和大家一起玩，待看到姐姐站在天台边守护时，就也走过去，站在天台的另一边，看有小孩子过来，在天台边扎堆，就把他们提溜过去。

我和他并排站着，看着眼前的孩子们。

“阳阳，你感觉哪门学科最难？”

“都可难。”他用手抓抓头。

“那你在班里有好朋友没？”

“还行。”

“你想你爸妈不？”

“想有啥用，他们也回不来。”

“那你以后咋打算啊？”

“没啥打算，我得先好好学。”

“想不想青岛那个地方？”

“不想。”

“要好好学啊，你看你爸妈多辛苦，每天起早摸黑的，才挣一点儿钱。”

“我知道。”

每一个问题，他都停留那么一两秒钟，似乎是经过思考才回答，但好像每一个答案都没有什么信息量。他一直抓着自己头发，感觉挺艰难的样子。

我没有再问他。

吃饭的时候，他坐在我正对面。他左右两边是梁安的两个孩子。从头到尾，他都在照顾他们俩。他自己也吃，但是，吃得很快，总是嘴里鼓囊囊地塞着东西，他就去给两个孩子夹菜、盛汤。

我想起前一天晚上光亮叔给我的电话，他再三交代我和阳阳谈一谈，让他好好学习，让他知道电镀厂有毒，只有考上大学，才不会进这样的厂挣这样的卖命钱。

说实话，我不知道怎么打开阳阳的心扉。他也许什么都知道，也许，什么都不知道。我当然希望阳阳考上好大学，希望他走上更好的人生。可眼前的阳阳，仍然孤独，仍然沉默。只不过，他把这孤独和沉默化为对他人的关照。这令人心碎。可好像，也让人有所安慰。

我不知道光亮叔能不能想到这一点。温柔、懂事的阳阳，他在慢慢疗愈他内心的伤口，他慢慢走过童年时代那漫长、孤独的时光，走向一个温暖、阳光的所在。这是他最大的成长，也是他的幸运。

又几天之后的一个下午，在吴镇的大街上，我正匆匆赶路，突然听到路左边两声叫喊，“清姐，清姐”。

我一看，是阳阳。他和几个同学正往街里面走。

他站在阳光下，微笑着看我，高声喊着：“清姐，你是要回家吗？”那声音清亮、欢快。

我也高声回答：“是啊，阳阳，我回家去。你要好好学习啊。”

“好啊。”他回答着，和一群小伙伴往前走了。

我也继续往前走。

通往吴镇的老公路

梁庄老屋前盛开的花

后记

为什么要再写“梁庄”？“梁庄”新的表现形式在哪里？新的思想和新的哲学在哪里?

这是我放在文档开头的第一句话。每天打开文档，首先看到的就是这句话。它会让我有那么片刻的停顿，犹疑、思考，也是提醒。这一发问，既是就现实而言，也是就文学而言。

中国当代村庄仍在动荡之中，或改造，或衰败，或消失，而更重要的是，随着村庄的改变，数千年以来的中国文化形态、性格形态及情感生成形态也在发生变化。我想以“梁庄”为样本，做持续的观察，十年，二十年，三十年，直到我个人去世，这样下来，几十年下来，就会成为一个相对完整的“村庄志”，以记录时代内部的种种变迁。

从结构而言，《梁庄十年》仍然以个体生命故事为基本内容，他们的出生、成长、死亡是最值得书写也最迷人的事情；其次，也会把“梁庄”作为一个有机体，它的某一座房屋，某一处花园，都是生机勃勃且意味深长的事情，都值得细细道来。

但是，好像还有什么地方完全不一样了。

一个最明显的变化就是作为写作者和生活者的“我”与梁庄人之间关系的变化。

这十年之中，我仍然保持着一年回家两到三次的节奏，每次回家——一开始是父亲陪着我，2015 年以后是我的姐姐们和霞子陪着我，我都会坐在村庄路口的红伟家，和大家一起聊天、说话、打牌，间或看着路边来来往往的人，大家打招呼，或聊几句天。五奶奶还是其中最活跃的、话最多的，大堂哥仍然经常醉着，龙叔仍然在那个大茶杯里泡着酽酽的浓茶，一句话一口痰，花婶仍然站在门口，勉强撑着笑容。我看着他们，看着时间在他们脸上慢慢流逝，就像看见我自己和我自己的生活，我也在变老，也在时间之中，我的父亲已去世，我身边的那么多人，一个个去世。我们互相看着，你中有我，我中有你，已无法分出彼此。

我到每家聊天说话，找各种理由，组各种饭局，老年人的，青年人的，小孩子的，把吴镇的饭馆吃遍，我也在各家吃，在丰定家、赵嫂家、五奶奶家，谁回来了，谁又走了，都是吃饭的理由，我出入他们的厨房就像在我自己家，因为他们知道，我自己家的房屋已经几成废墟。

一切都回到了最初的状态。我和梁庄的关系变成了一个人和自己家庭的关系。爱，欢喜，关心，深深依恋，但同时也忧心忡忡。我就像一个孩子，蹦蹦跳跳的，依赖梁庄，喜欢梁庄的每一个人，无论是生者还是死者。我的爱多得我自己都兜不住，要溢出来。他们不知道我那么爱他们，不知道我在听到他们的快乐时有多快乐，听到他们的悲伤时有多悲伤。这是我的秘密，也是我的荣幸。

从最初的“看山是山”，看到了梁庄、五奶奶和无数的亲人，到“看山不是山”，每种事物、每个人的身上都被赋予无数的镜像，现在，又回到了“看山是山”的状态。

五奶奶就是五奶奶，明太爷就是明太爷，吴桂兰就是吴桂兰，梁庄、吴镇和所有的历史都隐在后面，没有地域性格，没有社会因素，我只看见他们的容貌，他们的欢笑、悲哀，看见他们身后的那个空间，电线杆、老公路、燕子、湿得要滴下水的乌云。我看见的是他们本身，非常具体，他们的每一个行动、表情和神态，都如浮雕一样，栩栩如生，超然于时间和空间之外。就像我们看待我们的亲人，你很难用一种整体性来叙说，因为你和他/她太熟悉了，那么多细节交织在一起，根本无法用抽象的概念来衡量。

这几乎让人吃惊，而且感觉美妙。因为有共同的经历和度过，因为有真实的时间长度和真实的人生长度，感觉到人物本身也具有矗立于山河之间的、近乎永恒的真实性。包括我自己。我觉得我真的成了历史中的一分子，消融在梁庄，和梁庄人一起，站在时间的长河之中，看历史洪流滔滔而来，共同体味浪花击打的感觉。

最终，我想形成一种长河式的记录。

时间的长河，生命的长河，一切都浩浩荡荡，永不复返。湍水，一条抽象而又具象的河流，承载了一代代人的到来、成长和离去。我想写出这长河般浩浩荡荡的过程，想让每一朵浪花都经过阳光的折射。

这也是《梁庄十年》最根本的思想起点和哲学起点。

我也期待着，十年之后，二十年之后，2030 年，2040 年，再写梁庄，那时候会是什么样子，我自己，梁庄，梁庄里的那些人，五奶奶、姐姐、霞子、龙叔、阳阳，很多人，他们会是什么样子，我充满好奇和期待，我几乎等不及时间的到来。

但愿我能活到那个时候。